TERAPIA DO APARTAMENTO

TERAPIA DO APARTAMENTO

Transforme seu lar em oito semanas

MAXWELL GILLINGHAM-RYAN

Tradução
DENISE DE C. ROCHA DELELA

EDITORA PENSAMENTO
São Paulo

Título original: Apartment Therapy.

Publicado mediante acordo com Lennart Sane Agency AB.

Dados Internacionais de Catalogação na Publicação (CIP)
(Câmara Brasileira do Livro, SP, Brasil)

Gillingham-Ryan, Maxwell
Terapia do apartamento : transforme seu lar em oito semanas / Maxwell Gillingham-Ryan ; tradução Denise de C. Rocha Delela. – São Paulo : Pensamento, 2007.

Título original: Apartment therapy : the eight-step home cure.
ISBN 978-85-315-1460-6

1. Decoração de interiores – Aspectos psicológicos 2. Estilo de vida I. Título.

07-1591 CDD-747.019

Índices para catálogo sistemático:
1. Decoração de interiores : Aspectos psicológicos 747.019

O primeiro número à esquerda indica a edição, ou reedição, desta obra. A primeira dezena à direita indica o ano em que esta edição, ou reedição, foi publicada.

Edição 2-3-4-5-6-7-8-9-10-11

Ano 11-12-13-14-15-16-17

Direitos de tradução para a língua portuguesa
adquiridos com exclusividade pela
EDITORA PENSAMENTO-CULTRIX LTDA.
Rua Dr. Mário Vicente, 368 — 04270-000 — São Paulo, SP
Fone: 2066-9000 — Fax: 2066-9008
E-mail: pensamento@cultrix.com.br
http://www.pensamento-cultrix.com.br
que se reserva a propriedade literária desta tradução.
Foi feito o depósito legal.

Sumário

Agradecimentos

Meu muito obrigado:

A Sara Kate, minha mulher, que me ajudou inúmeras vezes a organizar os meus textos e continua a me inspirar com novas maneiras de criar um lar saudável.

À minha mãe e ao meu pai, que me proporcionaram o meu primeiro lar, sempre cheio de obras de arte e jantares especiais, e à minha avó, que ensinou meu pai e todos nós a mantê-lo limpo.

Ao meu irmão, por ser o meu companheiro de quarto desde que éramos pequenos e por prever que a Terapia do Apartamento poderia se tornar um grande blog.

A Emily Payne, por dar vida às palavras com ilustrações tão bonitas e singelas.

A Jasie, pela leitura cuidadosa e atenta que fez de um extenso manuscrito e por todas as ótimas idéias que deu para abreviá-lo.

A Eric e Thea, por oferecer a sua casa para sediar o nosso retiro de inverno dos escritores e deixar que tomássemos conta da sua sala de jantar.

A Philip Rappaport, o editor mais empolgado que um escritor amador poderia ter, por dar a este livro um lar.

A Wendy Silbert, a agente mais dedicada deste mundo, que desde o início acreditou neste livro, ensinou-me a redigir uma proposta editorial e garantiu que ela fosse aceita.

A todos os meus clientes e alunos, por consentir que eu visitasse o local mais particular da vida deles: a casa onde moram. Foi graças a vocês e para vocês que este livro foi escrito.

Introdução

Na lanchonete perto de casa onde eu costumo tomar o café da manhã, conheci Myles, um cineasta que mora a algumas quadras dali. Quando eu contei que era designer de interiores e "terapeuta de apartamentos", mas que meus clientes eram gente comum que morava em apartamentos comuns, nosso bate-papo imediatamente tomou outro rumo. Ele quis me contar sobre o apartamento dele e saber o que eu pensava.

"Você se importaria?", ele perguntou.

"De maneira nenhuma!", respondi. "Qual é o problema?"

Em alguns minutos Myles me contou em detalhes e com pouquíssimas pausas a história do rompimento com a namorada, que pouco tempo antes tinha se mudado e o deixado com um belo apartamento que ele odiava. As lembranças eram tão dolorosas que ele não conseguia mais dormir no quarto e estava pensando em se mudar.

Myles tinha a sensação de que seus problemas pessoais estavam, de alguma maneira, ligados ao lugar onde ele morava. Ele sabia que tinha de mudar o seu apartamento para se sentir melhor. E queria ajuda.

Nós conversamos bastante e eu perguntei se ele, afinal de contas, tinha feito alguma coisa para se sentir melhor no apartamento. Ele disse que sim. Tinha colocado a cama na sala e pintado as paredes. Segundo ele, antes o apartamento parecia uma "caixa branca e sem graça". Eu o cumprimentei pela decisão de pintar o apartamento e sugeri que não parasse por aí, mas o aconselhei a levar a cama de volta para o quarto. Ele torceu o nariz a essa idéia.

O recente rompimento tinha lhe causado um bloqueio emocional e ele queria recuperar a confiança e pôr um pouco de ação na sua vida. A cor nas paredes contribuiria para isso, mas não a posição defensiva representada pela cama na sala. Eu lhe disse que ele precisava voltar a tomar posse do seu quarto e que, para tanto, poderia recorrer a três expedientes: fazer uma boa faxina, mudar qualquer efeito ou decoração que tivesse o toque pessoal da ex-namorada e acrescentar novas cores e mais luz ao ambiente. Se isso não funcionasse, eu teria prazer em visitá-lo e analisar o que mais poderia ser feito.

Funcionou.

Nas semanas seguintes, nós tomamos café juntos algumas vezes, enquanto eu lhe dava conselhos e me mantinha informado sobre os progressos que ele estava fazendo. O entusiasmo dele era visível e contrastava profundamente com a depressão da época do nosso primeiro encontro. A mudança física na disposição dos móveis estava conferindo mais movimento à sua vida. Myles acabou transformando o seu quarto e voltando a tomar posse de um lar que agora era só dele, não "dele e dela". Por ironia do destino, embora não fosse nenhuma surpresa, alguns meses depois ele recebeu uma ótima proposta de trabalho em Los Angeles e teve de alugar o apartamento durante o verão. Quando você põe ordem na casa, isso afeta positivamente outras partes da sua vida.

O relacionamento com o nosso lar é carregado de conflitos. Nos últimos cinco anos eu conheci muitas pessoas como Myles, que dividiram comigo os seus embates particulares para encontrar uma solução. Especialmente na cidade, onde a maioria mora em apartamento e as pessoas pagam muito mais por muito menos, elas em geral consideram o apartamento onde moram como se fosse uma "segunda pele", o centro da vida que elas amam ou odeiam.

Apesar de a nossa casa ser o nosso único refúgio, o único lugar que podemos considerar realmente nosso, a maioria de nós não está satisfeita com o lugar onde mora. E o pior é que nem nos damos conta do efeito que isso causa na nossa vida diária. Não dormir bem, não cozinhar em casa, ter vergonha de receber visitas e viver estressado com a quantidade de consertos são algumas das queixas que eu costumo ouvir. Quando esses problemas se agravam ou se prolongam, eles acabam afetando a nossa vida pessoal e profissional. Esquivar-se dos problemas e mudar de endereço é uma solução extrema e muito comum, mas a primeira coisa que nos acompanha quando nos mudamos são os nossos maus hábitos e, como se costuma dizer, nossa bagagem emocional.

Este livro revela como o nosso lar funciona e o que faz dele um ambiente saudável. Ele vai muito além das orientações e idéias superficiais que os decoradores costumam dar. Trata-se de um programa em oito etapas para orientar você no processo de tornar o seu lar um ambiente mais bonito, organizado e inspirador. Ele vai ensiná-lo a criar e manter bons hábitos domésticos. No final desse programa, você com certeza vai querer compartilhar com outras pessoas o mesmo prazer que o seu lar lhe proporciona.

Design de interiores

Este livro é fruto da minha experiência em dois campos bem diferentes. Embora redecorar interiores e desenhar espaços sempre tenham sido a minha paixão, meu primeiro emprego foi numa empresa de design de interiores que quase acabou para sempre com essa paixão.

Uma semana depois da minha formatura na faculdade, eu fui contratado por uma renomada empresa de design de interiores sediada na cidade de Nova York. Eu fazia parte de uma equipe que desenhava papéis de parede, lençóis, abajures, tapetes e cadeiras. A princípio, adorei trabalhar rodeado de designers talentosos e experientes, mas logo comecei a achar que faltava alguma coisa nos projetos que eu fazia. Embora déssemos muita atenção aos padrões e às cores dos nossos projetos, enquanto fazíamos nossos rascunhos no papel pensávamos muito pouco no que acontecia depois que esses desenhos eram manufaturados, vendidos e de fato usados. O "mercado" para todos esses produtos não tinha um rosto e a nossa produção mais parecia um jogo do que a resposta para um problema. Havia um vazio naquilo que fazíamos.

Em agosto desse mesmo ano eu fui convidado para ir a um jantar na casa de praia do meu chefe. A casa dele era linda! Toda iluminada com velas, algumas flutuando na piscina, a poucos metros da mesa de jantar. Era óbvio que aquela noite tinha lhe custado muito dinheiro e trabalho, desde as numerosas trocas no serviço de mesa até as orquídeas que ornamentavam a sala. Mas, embora o espaço causasse um efeito marcante, faltava ao conjunto interação e um espírito acolhedor. Eu me sentia pouco à vontade e não era o único a ter essa sensação. Meu chefe realmente sabia como deixar tudo mais bonito, mas não tinha idéia do que fazer para que os convidados se sentissem bem; e o ambiente que ele criara não tinha ajudado em nada. Marcante nem sempre é sinônimo de confortável.

Ao sair da festa nessa noite, eu percebi que não queria seguir os passos do meu chefe, por mais bem-sucedido que ele fosse em sua carreira profissional. Eu queria uma carreira mais holística, cuja preocupação estivesse além do que está meramente na superfície. Embora eu adorasse coisas bonitas, elas não faziam sentido se não servissem para melhorar a vida das pessoas a quem pertenciam. A essa altura me pareceu que não havia espaço, no setor da decoração, para alguém cuja intenção era ser designer e também melhorar profundamente a vida das pessoas.

A carreira de professor

Cinco anos depois, eu era professor do ensino elementar, com dois diplomas de mestrado: um em literatura norte-americana antiga e outro em educação. Ser professor era uma experiência formidável e extremamente gratificante. As pessoas que me conheciam costumavam perguntar se eu não sentia falta da arte e do trabalho de designer, supondo que o magistério significasse um afastamento da minha profissão anterior. Na verdade, não significava.

Eu dava aulas numa escola Waldorf e todos os dias lecionava matérias fundamentadas na arte. Não só as disciplinas tradicionais, como inglês, matemática e geografia, incorporavam um ponto de vista artístico, como também os professores se preocupavam com a decoração e a disposição dos móveis de cada sala de aula, incluindo a cor das paredes, o formato das carteiras e o cuidado com os lápis. Tudo tinha o propósito de apoiar o aprendizado dos alunos.

Um exemplo disso é a pouca decoração que há nas paredes e nos corredores das escolas Waldorf. A estimulação visual aleatória não é considerada benéfica para a concentração dos alunos em trabalho escolar. Foi na escola Waldorf que eu comecei a relacionar o meu amor pelo design de interiores a algo mais profundo: a consciência de que um ambiente pode ser bonito não só por fora, mas também por dentro, e dessa maneira servir para favorecer o que estamos fazendo.

Boa dose dessa consciência vem da compreensão de que as pessoas são muito mais sensíveis ao espaço do que pensam. Quando entra num ambiente, você absorve tudo o que está à sua frente como uma esponja seca absorvendo água. O seu corpo pode percorrer apenas uma pequena distância, mas os seus olhos percorrem o cômodo inteiro, captando todas as partes, incluindo o teto, os cantos e o chão sob os seus pés. O que você toca e sente, assim como o que vê, invade você e o afeta. Em resultado, um ambiente pode fazêlo se sentir distraído e pouco à vontade ou então confortável e bem-vindo. Um ambiente pode inspirar ou confundir. Pode fazê-lo se sentir pequeno ou grande. Os ambientes têm um grande poder.

Essa idéia não é nenhuma novidade e foi certamente usada pelos nossos ancestrais. Ao longo da história, a consciência do poder que o espaço exerce sobre nós foi incorporada à arquitetura e ao design de interiores. Por exemplo, as maiores universidades da Inglaterra são um conjunto de salas dispostas em torno de jardins, uma idéia que partiu dos gregos. Embora as salas servissem muito bem para a transmissão de ensinamentos, sabia-se que os jardins eram mais apropriados para discussões filosóficas sobre assuntos de caráter mais elevado. Em comparação, os escritores, ao longo dos séculos, sempre se sentiram mais atraídos por lugares exíguos, que lhes satisfaziam a necessidade de solidão e concentração. Outro exemplo: alguns índios norte-americanos construíam salas subterrâneas (*kivas*) usadas exclusivamente nas reuniões tribais de maior importância. Nas nossas salas de audiência, a formalidade, a direção para a qual os assentos estão voltados e a posição mais elevada do juiz são diferentes dos palanques, democraticamente mais altos, onde ocorrem fóruns políticos. O primeiro serve para solucionar disputas e o outro para decidir lideranças. Toda essa explicação serve para dizer que existe uma razão pela qual os arquitetos passam tanto tempo fazendo projetos. A criação de ambientes de trabalho é ao mesmo tempo uma ciência e uma arte.

Tudo isso entrava em jogo quando eu trabalhava com crianças. Parte do meu trabalho como professor de uma escola Waldorf era fazer visitas anuais à casa dos meus alunos. Isso me ajudava a conhecer melhor a família e o ambiente de trabalho deles. Esse foi o verdadeiro início da Terapia do Apartamento.

As visitas à casa de meus alunos me levaram a identificar dois problemas muito comuns. O maior deles era a estimulação excessiva. Muitas vezes isso vinha na forma de muita bagunça ou muito tempo assistindo à TV ou outra mídia; às vezes, mas não sempre, os próprios pais eram a causa do ambiente superestimulante. O outro problema comum era a falta de ritmo na vida diária. Muitas crianças não jantavam em família, não tinham horário para dormir nem tomavam café da manhã antes de ir para a escola. Eu nunca pensei que essas coisas tão simples pudessem influenciar tanto o desempenho dos alunos na escola, mas influenciavam. As crianças que iam melhor na escola eram aquelas cuja família incentivava ritmos e rituais saudáveis em casa.

Embora esses lares saudáveis não fossem parecidos, todos eles tinham características comuns: eram silenciosos e organizados e, embora não fossem grandes em termos de metros quadrados, pareciam espaçosos e arejados. Não havia livros e brinquedos por todos os lados. Não havia fotos emolduradas cobrindo todas as paredes. O lugar em que as crianças brincavam não era o mesmo lugar em que estudavam.

Numa dessas visitas, Henry, um dos meus melhores alunos, mostrou-me a sua "quadra de basquete", que consistia numa cesta pendurada sobre a porta do seu quarto. A "quadra" era resultado da sua dedicação à arrumação do quarto, que ele mantinha sempre em ordem. Embora no começo ele considerasse a tarefa uma obrigação, tinha passado a encará-la com entusiasmo, pois ela patrocinava uma de suas atividades favoritas. Henry também tinha um quadro-negro no quarto, na qual ele anotava cuidadosamente o resultado dos jogos. O costume de fazer contas no quadro-negro, por sua vez, inspirou-o a imitar o professor, e ele logo passou a resolver problemas matemáticos complexos em casa e então discuti-los com o pai, todas as noites depois do jantar.

Anthony, outro aluno meu, tinha uma energia criativa fantástica. Ele às vezes era extremamente distraído, mas isso raramente acontecia em casa, pois a mãe tinha tido o cuidado de providenciar para ele uma ótima escrivaninha em seu quarto, todo o material de que ele precisava para fazer a lição de casa e um período de trabalho regular. Não havia televisão em casa e tudo o que estava pendurado nas paredes tinha sido criado e executado por Anthony, pelo irmão, pela mãe, ou por uma amiga da família.

Esses lares eram bem diferentes da casa de veraneio do meu chefe, com seus belos interiores e velas flutuando na piscina. Nenhum deles, na verdade, tinha estilo ou eram tão atraentes, no sentido convencional do termo. Ambos eram bem modestos e, mesmo assim, acolhedores. Eles eram belos por dentro. Tinham ambientes onde era gostoso ficar.

Anos depois de eu deixar o meu emprego na empresa de design de interiores, ficou claro para mim que a beleza de um ambiente tem muito pouco a ver com a aparência que ele tem e muito mais com o modo como beneficia os seus ocupantes. A chave era juntar as duas coisas.

Uma nova carreira

No verão de 2001, eu estava num jantar quando comecei a conversar com Alan, um executivo de 25 anos que tinha acabado de ganhar um amplo apartamento, como parte de um pacote de benefícios oferecido pelo novo banco onde trabalhava. Apesar da sorte grande, ele estava preocupado.

Contou-me que ainda não tinha mobília e gostaria de criar um espaço confortável para os amigos e ao mesmo tempo bonito o suficiente para se convidar uma mulher para jantar. De uma hora para outra, ele tinha ganho uma nova preocupação: como montar a própria casa. Esse novo apartamento ainda não parecia um lar.

Eu sabia exatamente como Alan se sentia. Ele não queria algo que se parecesse com o refúgio de um solteirão; ele queria o prenúncio de um lar. Embora fosse um homem bem-sucedido no campo das finanças, estava sentindo muita dificuldade para montar uma casa. Alan me lembrou da época em que um de meus alunos tinha dificuldade com cálculos e eu me pegava pensando: "Essa é fácil! Posso ajudálo com isso."

Alan, como a maioria das pessoas, queria não só móveis bonitos, mas também saber distribuí-los de um modo que favorecesse suas atividades e expressasse a pessoa nova e mais madura que ele estava se tornando. Em vez de comprar a mobília para ele, eu sabia que tinha de conhecê-lo melhor para ajudá-lo a descobrir qual era o seu estilo pessoal.

Lançando mão de fotografias que eu havia tirado dos móveis de várias lojas da cidade, mostrei a Alan um grande leque de possibilidades e o observei, à medida que o seu vocabulário visual aumentava. Aos poucos, conseguimos montar uma sala de estar, uma sala de jantar e um hall de entrada muito bonitos, que couberam no orçamento dele e o deixaram ainda mais empolgado. Nesse meio-tempo, ele começou a pensar na função desses diferentes ambientes e começou a levar a sério a idéia de que o apartamento era o seu lar, não apenas um lugar para dormir.

No final, o espaço que criamos juntos passou a não ter mais nada a ver comigo nem refletir as minhas preferências pessoais, mas sim as dele. Ele foi resultado de tudo o que eu havia aprendido com relação a Alan e da decisão de levar em conta os objetivos dele. O apartamento não só ficou com uma aparência bonita, mas também funcional. Logo depois que concluímos o projeto, Alan começou a ampliar o seu círculo de amizades e sua vida social ficou cada vez mais movimentada. Sua casa finalmente começou a funcionar em benefício dele.

Depois de um relacionamento de apenas um mês, quando éramos apenas dois estranhos convidados para o mesmo jantar, eu estava satisfeito por conseguir ajudá-lo com algo que se tornou muito mais do que um projeto de decoração. Eu o tinha orientado – assim como se faz com os alunos na escola – a fazer uma idéia do que seja um "lar".

A descoberta da Terapia do Apartamento

Um pouco depois de eu concluir o apartamento de Alan, mais duas pessoas me procuraram para que eu lhes desse o mesmo tipo de ajuda. Eu comecei a me dar conta de que trabalhar com pessoas no apartamento delas era o jeito ideal de combinar o meu conhecimento em design de interiores com a minha experiência em educação. Assim, naquele outono, depois de passar sete anos dando aulas, eu montei o meu próprio negócio.

A minha empresa não tinha nenhuma relação com o magistério nem com a decoração ou design de interiores tradicionais. Eu não sabia nem que nome dar a ela. Um amigo bem-humorado sugeriu Terapia do Apartamento e o nome pegou. O trabalho parecia de fato terapêutico porque o que eu fazia era ajudar as pessoas a solucionar os problemas que tinham em seus apartamentos, em vez de fazer isso por elas. O telefone não parou de tocar desde então, com chamadas de pessoas interessadas nesse novo conceito, depois de perceber que o que elas queriam não era um decorador, mas alguém que entendesse o que elas gostariam de fazer na casa delas e pudesse orientá-las nesse sentido.

Eu também recebi muitos telefonemas e e-mails de pessoas de cidades distantes, perguntando se eu poderia viajar ou indicar alguém que prestasse o mesmo tipo de serviço na cidade delas. Eu gostaria de poder indicar alguém. Nunca sabia como ajudar essas pessoas, pois, embora eu conhecesse muitos decoradores e designers, nunca tinha encontrado ninguém que fizesse algo parecido com a Terapia do Apartamento. Foi por isso que escrevi este livro. Ele é uma síntese de tudo o que aprendi. Foi feito para ensinar e orientar você, para que o seu apartamento possa ser o lugar bonito e saudável que você gostaria que ele fosse.

Conteúdo deste livro

Este livro se divide em duas partes:

1. A Parte Um o ajuda a descobrir as razões pelas quais você se sente insatisfeito ou estressado no lugar onde mora. Os dois capítulos que compõem essa parte lhe dão subsídios para entender o Tratamento em Oito Semanas. Eles explicam a premissa básica do enfoque holístico que inclui o conceito de fluxo.

2. A Parte Dois consiste no tratamento em si, que orienta você ao longo do processo de harmonizar a sua casa. Como os hábitos que você desenvolve durante as oito semanas de tratamento acabam se tornando parte do seu ritmo de vida ao longo do ano, as páginas finais deste livro trazem um calendário para que você possa fazer a manutenção.

Nota: *Não comece o tratamento enquanto não tiver certeza de que poderá dispor de oito semanas consecutivas para renovar a sua casa. Caso contrário, você pode acabar desmotivado e sem saber que rumo tomar, passando a se sentir ainda pior do que no início do tratamento. Saiba que o desequilíbrio da sua casa traz à tona emoções inesperadas e imprevistos que só podem ser resolvidos quando você se compromete a seguir o tratamento até o fim.*

Tratar a sua casa é uma tarefa e tanto, mas, se você ler este livro com atenção, não só o seu projeto será concluído antes que você perceba, como a sua vida será transformada.

Uma palavrinha sobre a cidade de Nova York e o blog da Terapia do Apartamento

A Terapia do Apartamento começou em 2001, alguns dias antes daquele em que eu parei numa esquina para observar o World Trade Center desabar. Os exemplos de solidariedade foram tantos nas semanas que sucederam o desastre, que todos nós ficamos encantados com a força da nossa comunidade e com o poder e a inteligência que pode desencadear o esforço em grupo. Com isso em mente, eu concebi a Terapia do Apartamento não só como uma prestação de serviço, mas como uma maneira de continuar criando laços entre as pessoas e tirando vantagem da grande boa vontade e do grande número de especialistas que geralmente existem numa grande cidade.

Em 2004 meu irmão e eu abrimos a empresa virtual ApartmentTherapy, em Nova York, para servir como uma extensão do trabalho que eu já fazia com os meus clientes. Tratava-se especificamente de um blog e não de um website comercial. A ApartmentTherapy.com foi criada para ser um site interativo gratuito, no qual as pessoas podem encontrar as informações de que precisam para melhorar a casa onde moram e obter novas idéias e inspiração para decorá-la. Atualizado diariamente por mim e por uma pequena equipe editorial, o blog fica melhor a cada semana graças às contribuições de um número cada vez maior de visitantes.

Com o sucesso do blog, eu descobri que os internautas de todos os Estados Unidos mostravam uma certa sintonia. Pessoas que moravam em casas, bangalôs e apartamentos tinham problemas semelhantes, perguntas parecidas e o mesmo entusiasmo pela idéia de pôr em ordem a própria casa. Desde essa época, já criei blogs em outras cidades com o mesmo objetivo: tornar mais fácil, para as pessoas, a tarefa de criar uma casa bonita e saudável, lançando mão da ligação entre as pessoas e dos recursos que elas têm à sua disposição.

Viajando com pouca bagagem

Em 1991, eu viajei pela Itália de bicicleta. No bagageiro, carregava tudo que me parecia necessário para sobreviver: barraca, saco de dormir, isolante térmico, fogareiro, panelas, kit de reparos, roupas – o que você imaginar, pode apostar que eu tinha! Minha bicicleta estava extremamente pesada, mas eu faria uma viagem de um ano e queria estar preparado.

Um dia, durante o primeiro mês de viagem, outro ciclista diminuiu o ritmo das pedaladas para poder me dar um alô. Tratava-se de um médico suíço que fazia uma viagem de duas semanas à Sicília. Ele estava na estrada havia mais tempo do que eu e já tinha percorrido metade do caminho. Avançava rapidamente, percorrendo por dia uma distância duas vezes maior do que a minha; eu, no entanto, não vi sobre a bicicleta dele nenhum alforje ou as bagagens que eu carregava. Na verdade, ele não estava carregando praticamente nada! Tudo o que eu via era um estepe, uma câmera sobressalente e uma pequena carteira amarrada no bagageiro. Era como se ele empreendesse uma excursão de um dia, embora estivesse a mais de mil quilômetros de casa.

Surpreso ao vê-lo viajar com tão pouco peso e percebendo que era mais experiente do que eu, perguntei-lhe como conseguia viajar com tão pouca bagagem. Ele me disse que era fácil. Com o tempo ele tinha percebido que não precisava de nada além do pouco que estava carregando. Comprava comida diariamente, lavava suas roupas toda noite e pendurava-as para secar de madrugada, no quarto de hotel. Mas, e se alguma coisa acontecesse?, eu perguntei. E se a bicicleta sofresse uma avaria mais grave ou ele precisasse de roupas mais quentes? Como ele se arranjaria?

A explicação que ele me deu foi simples e inspiradora. Em vez de depender só dele mesmo, também contava com a ajuda dos outros. Embora não precisasse de muita coisa, ele procurava conhecer outras pessoas e pedir ajuda quando necessário. Carregando pouca bagagem, ele não só avançava mais rápido, como conhecia mais pessoas e tinha uma experiência muito mais rica. Ele estava realmente tirando o máximo proveito da sua viagem pela Itália.

Lutando para acompanhá-lo na minha bicicleta abarrotada, entendi o que ele queria dizer. Não estávamos viajando pelo Círculo Polar Ártico, mas pela Europa. Em vez de viajar preparado, eu viajava "sobrecarregado". Durante todo o período de viagem, eu não tinha conhecido ninguém e me sentia constrangido em pedir ajuda. Ele estava viajando na Itália, eu estava viajando através da Itália.

Nessa tarde, depois de saborearmos juntos um almoço composto de queijo e vinho, ele se desculpou por ter de tomar a dianteira. Nós nos despedimos e, enquanto ele deslizava pela estrada, desaparecendo de vista, eu bufava atrás, suando em bicas. Queria ter pedalado mais rápido para acompanhá-lo um pouco mais, mas foi impossível.

No dia seguinte, fui ao correio e mandei quase tudo de volta para casa. Embora isso tenha me deixado meio nervoso, eu admito, enchi duas caixas grandes. O fato de levar menos peso transformou imediatamente a minha viagem.

Foi nesse ponto que eu percebi que "estar preparado" pode ser às vezes um eufemismo para "estar com medo de se soltar na vida". A enorme quantidade de coisas que carregamos – seja na bicicleta, na bolsa ou em casa – está diretamente relacionada com a pouquíssima confiança que temos na vida, de nos guiar; e nos outros, de nos ajudar quando estamos num aperto. Nesse dia, descobri que viajar com pouco peso nos proporciona uma experiência muito mais gratificante.

Parte Um

O Nosso Lar Tem Vida Própria

Capítulo 1

O Seu Lar é Saudável?

Nos primeiros anos de atendimento aos clientes, fiquei surpreso com o número de pessoas infelizes com o lugar onde moram. Eu ficava me perguntando qual seria o motivo de tanta infelicidade. Quando passei a visitar mais casas e apartamentos e a ler livros sobre estilos de moradia e maneiras de melhorar o ambiente doméstico, logo comecei a perceber que a maioria dos interessados em fazer melhorias em casa não eram pessoas simplesmente sem estilo ou que precisavam arrumar a bagunça; elas estavam morando em casas "doentes".

Apesar das boas intenções, as pessoas não apenas esqueceram o que é preciso para criar e manter um lar saudável, mas também criaram novas doenças, como a desordem, o medo de se desfazer das coisas e o que eu chamo de síndrome da sala de cinema e síndrome da cancha de boliche. Assim como outra questão de saúde pública nos Estados Unidos – a obesidade –, a maioria dos problemas familiares provém do fato de consumirmos muito e de nos desfazermos de muito pouco.

Ao ler este livro, eu quero que você amplie o seu conceito de lar e aplique nele os mesmos princípios que aplicamos no nosso corpo. Assim como o corpo, a casa em que moramos deve ser tratada como um organismo vivo. Para simplificar, casas saudáveis são como pessoas saudáveis: tomam cuidado com o que consomem e praticam exercícios regularmente. Depois que a saúde da casa está estabilizada, o estilo e a decoração ficam muito mais fáceis e acabam se tornando apenas um toque final. Na verdade, estilo e decoração são extensões da casa saudável. Você não pode ter um sem ter o outro.

Hypernesting

Em nenhuma outra época as pessoas gastaram tanto fazendo melhorias na casa. Inacreditáveis 25 milhões de americanos puseram em prática projetos de reformas em 2005, gastando 150 bilhões de dólares (2% do PIB dos Estados Unidos). A julgar pelos programas de decoração que passam na TV, os americanos parecem não se contentar mais com pouco. E as exigências variam de acordo com o sexo:

programas como *Queer Eye for the Straight Guy* [*reality show* exibido pela Sony Entertainment Television no Brasil] atrai tanto homens quanto mulheres, enquanto o programa *Facelift*, de Debbie Travis, atrai um número cada vez maior de donas de casa que simpatizam com a idéia do Faça Você Mesmo.

A cada ano também surgem novas revistas de decoração. A tradicional *Architectural Digest* foi superada por publicações mais chamativas como *Metropolitan Home* e *Elle Décor*, que são agora ameaçadas pelas recém-chegadas *Domino*, *Budget Living* e *Bargain Style*, entre outras, que enfocam as compras e os melhores preços. De modo geral, os americanos estão, mais do que nunca, reformando a casa – e com as próprias mãos. A conclusão que tiramos disso é que eles estão tentando resgatar o sentimento de lar que um dia perderam. Mas, apesar de todo esse frenesi e dinheiro gasto, a maior parte desses esforços acaba gerando insatisfação, pois eles só tratam os sintomas, não propiciam a cura.

Em vez de conseguir uma casa saudável, estamos tentando comprar soluções e deixando a nossa casa abarrotada. O que, na década de 1970, os especialistas em tendências chamaram modestamente de *cocooning* ("encasulamento"), que identifica o desejo de realizar a maior parte das atividades recreativas dentro de casa, acabou se transformando em *hypernesting* ("hiperaninhamento"), o *cocooning* levado às últimas conseqüências. Em vez de nos perguntarmos o que de fato tornaria a nossa casa mais funcional, geralmente concluímos precipitadamente que deve haver algo que possamos comprar para solucionar as deficiências da nossa casa – um televisor de tela plana, um sistema organizador de armários ou álbuns de fotos com divisões por cores.

Contudo, quando compramos algum objeto para a nossa casa, raramente nos desfazemos de outro. É assim que a nossa casa "ganha peso", deixa de ser saudável e começa a nos incomodar. Nós não apenas criamos novas doenças, como criamos também especialistas para tratar dessas doenças. Profissionais especializados em organização de armários e em acidentes domésticos se multiplicam a cada dia, e o trabalho deles é nos ajudar a lidar com esse peso extra.

A maioria de nós não precisa de mais organização; precisa mudar os hábitos de consumo, desfazer-se de algumas coisas e aprender a recuperar a vida da nossa casa.

Eu sempre peço aos meus clientes que imaginem o que o apartamento deles lhes diria se pudesse falar. Samantha, uma corretora da Bolsa de Valores, disse-me que a casa dela diria, "Será que ela não vê que estou me deteriorando a cada dia? Por que ela não faz nada para me salvar?" Quando Samantha disse isso, estava sentada numa sala mal iluminada, em completa desordem e decorada só pela metade. Constrangida, ela admitiu que não sabia por onde começar. Essa é uma das melhores coisas que eu já ouvi de um cliente. Além de ser absolutamente honesta, ao usar a palavra *começar* ela havia tocado o ponto nevrálgico da questão. A solução não era eliminar a bagunça ou melhorar a iluminação da sala, mas começar a trabalhar com a sua casa. Eu disse a ela que poderia lhe mostrar por onde começar. No início poderia não ser uma tarefa fácil, mas a casa dela a agradeceria depois.

Nem todo mundo deve começar do mesmo ponto. Nós temos casas diferentes e os nossos problemas são pessoais. Mesmo assim, eu descobri que existem dois pontos de partida que correspondem a dois tipos de pessoa. Quando estiver pensando em começar o projeto de reformulação da sua casa, leve em conta esses dois tipos de pessoa – uma é quente, a outra fria – e adote o que descrever melhor a maneira como você vê o ambiente em que vive.

Pessoas quentes e pessoas frias

Embora existam muitas pessoas "frias" neste mundo, existem pessoas "quentes" na mesma proporção. Uma não é melhor nem está mais certa do que a outra. Elas são simplesmente diferentes.

Você certamente já conheceu pessoas quentes. Elas são as que se preocupam com a desordem e a organização e tendem a ser meio obsessivas com relação à casa. Geralmente são gregárias, amistosas e generosas. As pessoas quentes são boas anfitriãs, mas intolerantes quando o assunto é limpeza e organização. Elas pecam por excesso e são muito apegadas às pessoas e às coisas.

Você é assim?

As pessoas frias ficam menos em casa e geralmente a encaram como um inconveniente. Elas querem que a casa seja confortável, mas não querem que dê trabalho. Eficientes por natureza, as pessoas frias geralmente são perspicazes, espertas e independentes. São bons hóspedes, mas não têm muito jeito para oferecer conforto. Esse tipo de pessoa sabe como evitar bagunça. Em casa, não têm nenhuma simpatia pelo conceito Faça Você Mesmo e se acham meio desajeitadas. A sua maior dificuldade é o fato de não conseguirem se apegar nem às pessoas nem às coisas.

Você é assim?

Pessoas frias: Diana

Durante uma entrevista preliminar pelo telefone, Diana me disse, "O meu apartamento me deixa triste!" Ela também contou que ele parecia gélido e ela gostaria que ele fosse mais quente e acolhedor, especialmente depois de um longo dia de trabalho. Ela disse que não tinha certeza se era ela que precisava de uma terapia ou se era o apartamento que precisava de um trato, por isso a Terapia do Apartamento tinha lhe parecido a solução perfeita.

Dois dias depois da nossa conversa, encontrei-me com Diana no apartamento dela, para a nossa primeira consulta. Profissional atraente de quase 30 anos, ela morava num lindo apartamento de um dormitório. Ao abrir a porta para mim, imediatamente se desculpou pela bagunça. O apartamento estava uma bagunça? Não. Era gélido? Um pouco. Ela se sentia insegura com relação à sua casa? Sim.

Ela começou a discorrer sobre uma longa lista de coisas que achava que eu deveria saber sobre o apartamento. Toda a mobília tinha vindo da casa da mãe e tinha valor sentimental. Ela sabia que o apartamento precisava de uma boa pintura. Ela nunca cozinhava. "Será que o quadro grande deveria ficar na sala de estar?", ela me perguntou, olhando-me com uma expressão preocupada. Ela nem sequer me deu chance de falar.

"Como vamos fazer tudo isso?", ela finalmente exclamou, avaliando com os olhos o apartamento e fazendo um gesto desesperado com as mãos.

Eu estava num apartamento três vezes maior do que o meu, num prédio antigo, com teto baixo, molduras originais e assoalho de madeira. Havia janelas grandes dos dois lados, com vista para o sul e para o norte. Ela tinha até uma vista do rio Hudson. Para mim, ele tinha todas as qualidades que um ótimo apartamento deveria ter.

Eu disse a ela que geralmente começava dando uma volta pelo apartamento. Pedi que me levasse para conhecer os cômodos e me contasse tudo o que ela gostava e não gostava em cada um deles.

"Bom, isso não vai demorar muito. O apartamento é bem pequeno", ela respondeu.

O que eu vi enquanto percorria o lugar confirmou as suspeitas que tinha desde a nossa primeira conversa. Diana era uma pessoa "fria" que, em suma, tinha um lindo apartamento onde ela quase não ficava. Ele era mal iluminado e praticamente não tinha móveis, as janelas não tinham cortinas e não havia nada na cozinha além de água mineral, uma garrafa de champanhe numa embalagem de presente e algumas vitaminas com a data de validade vencida.

Enquanto andava pelo apartamento, eu encostei a mão nas paredes e me surpreendi ao ver o quanto eram frias. Aquele frio só poderia vir do vento que entrava pelas janelas. Eu perguntei a ela se costumava deixar as janelas abertas. "Ah, deixo sim, eu gosto de deixar as janelas abertas quando estou fumando e quando saio de casa, porque detesto cheiro de cigarro."

Com o resfriamento das paredes, o apartamento sempre passaria a impressão de ser gélido, mesmo depois que os cômodos já estivessem mais aquecidos. Precisávamos, entre outras coisas, solucionar o sentimento de culpa de Diana com relação a fumar em casa, sem deixar o apartamento numa temperatura polar. Um bom purificador de ar eliminaria o cheiro de cigarro e diminuiria a preocupação dela.

Eu pedi que pusesse a mão na parede para sentir o quanto estava fria. Ela também se surpreendeu. "Vamos dar um jeito de fechar as janelas e aquecer essas paredes", eu disse. "É por aí que vamos começar!"

Pessoas quentes: Carl e Julia

Carl e Julia ficavam bastante tempo em casa. Carl era autônomo e costumava trabalhar em casa, um lugar que ele adorava. Julia trabalhava fora, num escritório, mas gostava de voltar para casa à noite. Eles tinham enchido a casa com belos livros, obras de arte e antiguidades, e cada um desses objetos tinha a sua própria história. Os amigos e parentes gostavam de visitá-los porque a casa do casal era alegre e acolhedora.

Então qual era o problema?

Julia gostaria que o apartamento fosse mais relaxante; Carl queria encontrar um jeito de arrumar seu escritório. A princípio, os problemas pareciam muito genéricos, mas havia um sentimento incômodo que eles não conseguiam definir muito bem.

Quando pressionada, Julia admitiu que não se sentia no controle da casa e que o escritório de Carl tinha, na verdade, se espalhado pelo apartamento inteiro. Ele reconhecia que o apartamento vivia meio bagunçado e que os dois gostariam que ele fosse mais tranqüilo e organizado. Se tivesse um fichário, ele poderia guardar seus papéis e documentos todas as noites, eliminando parte da bagunça.

Enquanto percorria o apartamento, eu descobri que esses não eram os únicos problemas. Ao lado da cama havia uma grande pilha de revistas velhas e copos d'água de dias atrás. Havia objetos embaixo do sofá que o casal tinha perdido fazia meses. Eles admitiram que precisavam arranjar uma faxineira, mas ainda não tinham procurado.

Ao levantar o colchão para ver o assoalho sob a cama, encontrei tufos de poeira. Carl não se lembrava de tê-los visto antes. Julia se lembrava e isso a deixou constrangida.

Embora eles tivessem mencionado outros problemas, em todos os cômodos eu pude ver que a limpeza – ou a falta dela – era o ponto principal. Embora ela não estivesse fora de controle e tudo parecesse transcorrer muito bem, a poeira que se acumulava e a bagunça de uma casa muito movimentada pareciam estar por trás de todas as queixas que eles tinham feito na entrevista. Longe dos olhos, mas não tão longe do coração, a desordem explicava a agitação que transparecia em tudo o que eles diziam.

Quando saímos do quarto, perguntei onde ficava o aspirador de pó. "No armário do hall de entrada, eu acho", Carl respondeu. Embora eles realmente precisassem de um fichário, eu sugeri que começassem com uma boa limpeza.

Seja qual for o tipo de pessoa com que você mais se identifique, o tratamento pode ser resumido numa palavra: equilíbrio. Seja você do tipo quente ou frio, o seu temperamento básico nunca vai mudar. Esse é o seu jeito de ser e é nele que estão os seus pontos fortes. Sendo assim, as pessoas quentes recuperam o equilíbrio fazendo uma espécie de "poda", pois elas são dadas a excessos. Coisas simples como limpar o guarda-roupa, cancelar a assinatura de uma revista ou doar as roupas que não são mais usadas já é o suficiente para restabelecer o equilíbrio. As pessoas frias recuperam o equilíbrio "regando e cultivando", pois a casa delas às vezes parece um deserto. As pequenas tarefas que devem fazer consistem em comprar flores toda semana para a mesa da cozinha, pôr cortinas nas janelas e convidar os amigos para tomar um drinque de vez em quando. Os dois tipos devem começar devagar, pois devagar se vai ao longe.

Eu sou uma pessoa quente. Descobri isso há mais de dez anos quando a minha vizinha Marre entrou pela primeira vez no meu apartamento e me disse que eu tinha coisas demais. Sabendo que ela era designer de móveis, eu a convidei para ver umas prateleiras novas que eu tinha comprado. Em vez de ficar impressionada com as minhas prateleiras, ela disse, "Por que você tem tanta coisa neste apartamento?"

Eu fiquei embaraçado. No meu modo de ver, o apartamento dela era *minimal* e espartano. Eu sentia que ela simplesmente não conseguia me entender. Expliquei que, na verdade, eu não tinha muita coisa; tinha tudo de que precisava e mantinha tudo cuidadosamente arrumado. O meu apartamento era como um navio, tudo ficava no devido lugar.

"Você não tem espaços vazios", ela explicou. "Posso até adivinhar: assim que surge um espaço vazio, você trata de ocupá-lo com alguma coisa, não é? Mas por quê?"

Isso era verdade. Eu encarava todos os espaços vazios como uma oportunidade para usá-los com alguma coisa útil. Eu tinha feito prateleiras no vão de uma antiga porta, criado um sistema de roldanas para subir e descer o monitor do computador e conseguido enfiar num canto uma enorme mesa de desenho que eu usava como segunda escrivaninha. Era muito bom descobrir uma utilidade para cada cantinho da casa.

"Por que você não tira algumas coisas e abre um pouco de espaço? Ficaria muito melhor."

O quê? Tirar algumas coisas? Isso seria a morte! Tudo o que eu tinha era um bem do qual eu me orgulhava. Havia muito tempo que eu achava que a maneira como eu usava o espaço era uma verdadeira conquista e eu gostava de ver como as coisas se encaixavam perfeitamente. Mas fui obrigado a reconsiderar.

Apesar do seu ar severo, o apartamento de Marre tinha um ar tranqüilo e espaçoso que faltavam ao meu. O apartamento dela era menor, no entanto parecia maior. Era muito gostoso se sentar na cozinha, e as pessoas costumavam gravitar naturalmente em torno do apartamento dela para conversar. Ela estava certa. O meu apartamento não era "cuidadosamente arrumado"; ele estava, na verdade, atulhado. Não havia nem espaço para respirar. Ele podia parecer funcional, mas tinha coisas demais e estava sempre precisando de uma arrumação.

Minha vida naquela época estava nessas mesmas condições. Eu estava lutando para redigir a minha tese de mestrado e não sentia nenhuma empolgação com relação a isso. E o relacionamento com a minha namorada ia de mal a pior. Arrumar o apartamento de início me pareceu uma saudável maneira de adiar decisões necessárias, mas, depois de pensar nos comentários de Marre, comecei a ver que toda essa atividade era para mim como um cobertor grande e quente, que me dava segurança. A minha casa era a minha proteção, o meu berço, e ela estava se saindo muito bem nessa função. Na minha vida faltavam movimento e energia. As palavras de Marre despertaram algo dentro de mim.

Eu experimentei tirar alguns objetos do apartamento. Desfiz-me de uma cadeira. Tirei a mesa de desenho. Livreime de uma pilha de pratos e canecas que não faziam parte de nenhum jogo. O que começou como uma gota aos poucos foi se tornando uma torrente e, passados alguns meses, eu já tinha tirado metade das coisas de lá. À medida que eu fazia isso, meus hábitos de trabalho também foram mudando e a energia que eu antes empregava na criação e manutenção da casa foi redirecionada para o meu trabalho. Eu acabei a minha tese me sentindo muito satisfeito. Logo depois, eu e a minha namorada rompemos amigavelmente e ficamos ambos aliviados.

Por que terapia?

A maioria das pessoas insatisfeitas com a casa onde moram não percebe onde estão os problemas de fato. Assim como acontecia com o meu antigo apartamento, é muito difícil enxergar os problemas que estão embaixo do nosso nariz. A nossa casa é um espaço extremamente pessoal e nem sempre é fácil vê-la de modo objetivo. É por isso que me refiro ao meu trabalho como Terapia do Apartamento: quando reforma a sua casa, você também está fazendo uma reforma interior e, quando muda a sua casa, você também muda a si mesmo.

Mas esteja preparado! Existe uma razão para o seu apartamento ser do jeito que é. A casa em que você mora contém muito mais do que os seus pertences; ela contém energias e emoções antigas que serão dissipadas e podem surpreendê-lo se você não estiver preparado. Amelia, uma cliente minha, resolveu organizar uma gaveta cheia de fotografias que ela nunca arrumara antes e descobriu ali fotos de um antigo namorado que a magoara muito na época do rompimento. Depois das lágrimas e do vitimismo que irromperam pelo quarto nas duas horas seguintes, eu tive certeza de que a nossa arrumação estava arruinada. Abrir essa gaveta naquele ponto do projeto tinha sido um erro. Desde então eu aprendi a não só preparar os clientes para choques como esse, mas também a evitar armadilhas piores.

Uma maneira de não cometer o mesmo erro é saber o que nos espera. Seja você uma pessoa fria ou quente, se está infeliz com a sua casa geralmente é porque a energia ali dentro está bloqueada. Quando você resolver desbloqueá-la, haverá um período em que toda essa energia se espalhará pelo ambiente e transbordará, trazendo à tona todo tipo de emoção. Isso pode ser extremamente desagradável. Você pode se pegar pensando, "Não posso fazer isso; estou piorando ainda mais as coisas!" ou "Isso vai ficar caro demais, e eu não mereço tanto". Depois surge a vontade de fugir: "Vai dar trabalho demais; seria mais fácil eu me mudar." Não dê ouvidos a nada disso!

Com o treinamento certo, a letargia que cerca esse tipo de reforma da casa é substituída por entusiasmo e ímpeto. Grandes mudanças não são impossíveis. Elas só exigem paciência.

Deixando o passado para trás e vislumbrando o futuro

Quinze anos atrás, quando tinha 60 anos de idade, a minha tia Eleanor nos disse que estava se preparando para a morte. "Espera aí!", pensei com meus botões, "que plano mais mórbido é esse? O que deu nela?"

Por mais estranho que pareça, esse aviso não tinha nada a ver com os motivos mais comuns: doença, velhice ou solidão. Tinha a ver com livros demais!

A biblioteca de Eleanor era considerável. A maior da família. Era a combinação dos livros da avó e dos dela própria, que enchiam facilmente uma centena de caixas. Ela, porém, tinha mudado de endereço várias vezes nos anos anteriores e passado a encarar o seu mais precioso bem como um fardo pesado demais. A biblioteca era a coisa mais pesada que ela possuía e a mais cara de transportar. Depois da última mudança, ela decidiu que já não agüentava mais. Carregar todos aqueles livros para onde ia estava lhe causando mais mal do que bem. Já era hora de se desfazer da biblioteca.

Embora, no início, sofresse só de pensar em se desfazer dos livros, ela passou a ver isso como uma oportunidade para pôr um ponto final na primeira etapa da sua vida e se preparar para os anos que tinha pela frente. Ela não alimentava nenhum sentimento mórbido com relação a isso; pelo contrário, estava animada. Não via a hora de se libertar de todo aquele peso e do fardo que tinha criado e carregado durante praticamente 60 anos da sua vida.

Primeiro ela selecionou os livros mais essenciais, aqueles que compunham o próprio DNA da biblioteca. Esses ela guardaria. Limitou-se a uma caixa de livros. Depois ela deu alguns, mais especiais, para os membros da família, antes de convidar os amigos para ir à sua casa e levar o que quisessem. O resto da coleção foi doado à biblioteca do bairro.

Desfazer-se dos livros foi só o começo. Eleanor também resolveu se livrar de todas as teias emocionais que envolviam amigos e familiares. No ano seguinte, ela teve várias conversas gratificantes e comoventes com os filhos, o ex-marido e outros membros da família. Ela também se encontrou com amigos próximos e abriu seu coração para eles. Para finalizar, ela organizou as suas questões financeiras e liquidou alguns investimentos pouco vantajosos.

Depois dessas mudanças, Eleanor percebeu que a sua vida entrou numa nova fase. Ela estava mais feliz e mais ativa do que nunca. Suas descobertas e o ato corajoso de se desfazer dos seus bens fizeram-me olhar a vida de um jeito diferente, embora eu tivesse muito menos idade.

Hoje, eu adoro livros, mas só guardo uma pequena coleção e organizo regularmente a minha estante. Graças à minha tia, aprendi que precisamos menos dos livros do que daquilo que eles nos transmitem: inspiração para o futuro.

Capítulo 2

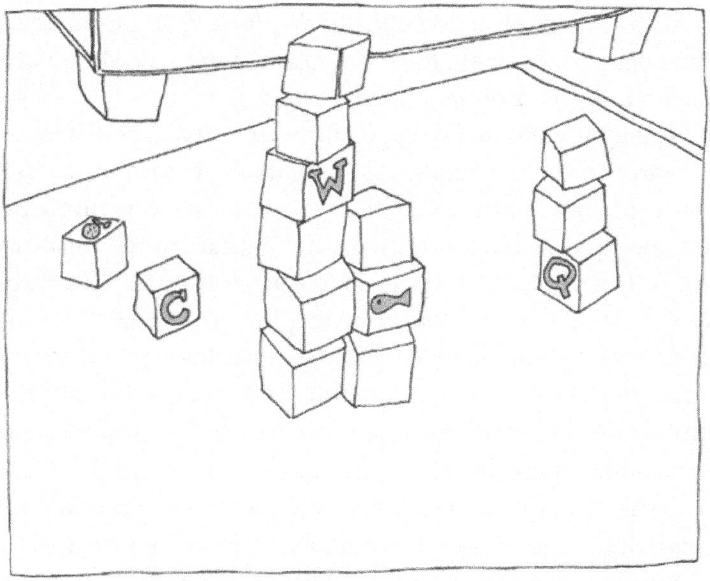

Veja o Seu Lar Sob uma Nova Luz

Você está preparado para tirar algumas coisas do seu apartamento? Está pronto para investir tempo e dinheiro na sua casa? Está pronto para soltar o velho e encarar o novo?

Se você já leu este livro até aqui, a sua resposta com certeza é sim. Então, mãos a obra!

Nesta seção, nós enfocaremos as imensas possibilidades que esse tipo de trabalho oferece e eu o desafiarei a ver a sua casa de uma maneira completamente nova, apresentando-lhe dois conceitos importantíssimos que uso com os meus clientes. O primeiro é o conceito de *fluxo*. O segundo é ver a sua casa como se ela fosse um corpo composto de quatro partes: *ossos, respiração, coração* e *cabeça*.

Quando era bem jovem, eu ficava mais na casa dos meus vizinhos do que na minha. Os Callahans tinham uma cozinha espaçosa, onde todo mundo se reunia nos finais de semana. Ela era bem iluminada, tinha uma grande mesa no centro e um balcão que pegava as quatro paredes. Era grande o bastante para acomodar um bocado de gente e ao mesmo tempo acolhedora para as noitadas regadas a cerveja que passamos a fazer quando mais velhos. Eu não me lembro de ter feito a mesma coisa na minha própria casa. Era sempre mais divertido ficar na casa do vizinho.

Todo mundo conhece uma casa como essa. Seja ela uma quitinete no vigésimo sexto andar de um prédio de apartamentos ou uma chácara na periferia, existem casas que são mais confortáveis do que outras. Isso não tem nada a ver com o valor da casa ou da parte da cidade em que ela se localiza. Algumas casas são simplesmente mais confortáveis. E há um segredo nisso.

O que a cozinha dos Callahans tinha de tão bom? Em primeiro lugar, era um cômodo bem conservado. Era limpo e confortável. A geladeira era bem abastecida e as refeições, preparadas regularmente. Ela era de fato um lugar vibrante, pois as pessoas gostavam de ficar ali. Em segundo lugar, ela era bem projetada. No meio havia uma mesa com cadeiras e dos dois lados havia espaço suficiente para as pessoas transitarem. A pia ficava embaixo de uma janela e o triângulo formado pelo fogão, pela pia e pela geladeira era fácil de percorrer. Em suma, a cozinha tinha um fluxo bom. Movimento, energia e vida faziam dessa cozinha um lugar confortável e inspirador para todos os que a usavam.

Fluxo

O maior segredo das casas bonitas e saudáveis é compreender o princípio que eu chamo de fluxo. O fluxo se refere ao movimento da energia através do espaço. Trata-se de um conceito designado por palavras diferentes em práticas orientais como o feng shui ou o Vastu, e também nas várias escolas de design ocidental, as quais unanimemente reconhecem que um espaço é mais eficiente quando a energia pode se movimentar livremente dentro dele. Embora os aspectos específicos do espaço possam variar de acordo com as muitas abordagens ao redor do mundo, eu costumo definir "espaço" como um princípio unificador e constatei que essa definição não oferece nenhuma dificuldade para os meus clientes e os ajuda a ver a própria casa sob uma nova luz.

Eu comecei a encarar o fluxo como um conceito físico quando consultei pela primeira vez um quiroprático, depois de terminar a faculdade. Eu sentia muita dor nas costas pelo fato de trabalhar sentado. O que recebi do meu quiroprático foi uma explicação muito simples e bem fundamentada sobre a origem da minha dor. A coluna quer se movimentar. Ela quer ser flexível e, quando não se mexe nem é flexionada, começa a travar, causando dor. Os quiropráticos geralmente procuram restabelecer os movimentos da coluna; se isso não for feito, a dor vai se agravando e pode resultar em má postura, rigidez muscular e hérnias de disco, caso os músculos se enrijeçam numa determinada posição.

Depois de o quiroprático ter feito "ajustes" nas minhas costas, eu saí do consultório com uma sensação completamente nova na parte superior do corpo e sem sentir nenhuma dor. Fiquei pasmo ao constatar uma simples verdade: os movimentos plenos e flexíveis são a chave da saúde.

Quando éramos criança, não parávamos quietos. As crianças correm, falam e se expressam o tempo todo, mantendo o corpo ágil e saudável. Esse é o fluxo em seu estado natural. Quando ficamos mais velhos, surge uma tendência natural para negligenciar essa movimentação saudável e deixar que a rigidez se instale. Essa rigidez se manifesta de várias maneiras no nosso corpo: dor nas costas, endurecimento das artérias e artrite. Nos grupos sociais, ela se manifesta como teimosia e dogmatismo. E, na nossa casa, ela toma a forma de desordem, espaços bloqueados e estilo ultrapassado.

Se a sua casa o deixa deprimido ou incomodado, não há dúvida de que isso é decorrência da falta de movimento e de fluxo dentro dela. Depois de trabalhar com meus clientes e lhes fazer uma série de perguntas sobre o histórico dos seus apartamentos, eu descobri que, depois de cinco anos, todo apartamento começa a ter seu fluxo comprometido, caso não se tome nenhuma providência ao longo desse tempo. Passados cinco anos, será preciso um trabalho redobrado para restabelecer o fluxo. Embora muitas pessoas esperem até que a casa chegue a esse estado lamentável, é muito melhor que você cuide do seu espaço regularmente, para que nunca precise recorrer a um tratamento de emergência.

Fluxo: Uma explicação mais detalhada

O fluxo de energia pode ocorrer de três modos diferentes: ele pode ser rápido, lento ou ficar bloqueado. Em seu estado natural, a energia flui lentamente, num movimento curvilíneo, de trás para a frente. Esse movimento sinuoso se assemelha ao da cobra, da chama (fogo), do rio (água) ou dos anéis de fumaça (ar).

No entanto, se você criar uma passagem em linha reta, o fluxo de energia não fará esse movimento sinuoso. Ele ganhará velocidade e ficará mais rápido. A tendência natural da energia de se movimentar sinuosamente ajuda a diminuir seu ímpeto, pois seu curso é constantemente reajustado e seu movimento, redirecionado. Em contrapartida, se houver curvas demais ou não houver espaço para ela circular, a energia fluirá mais devagar até parar e estagnar.

Reto = rápido demais

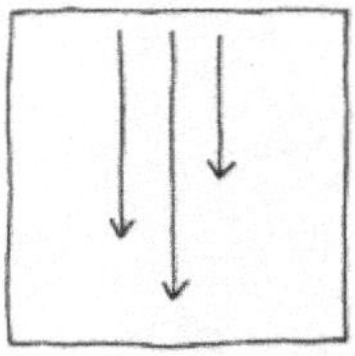

Curvo = lento demais

Sinuoso = no ritmo certo

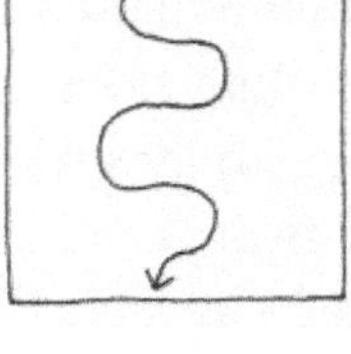

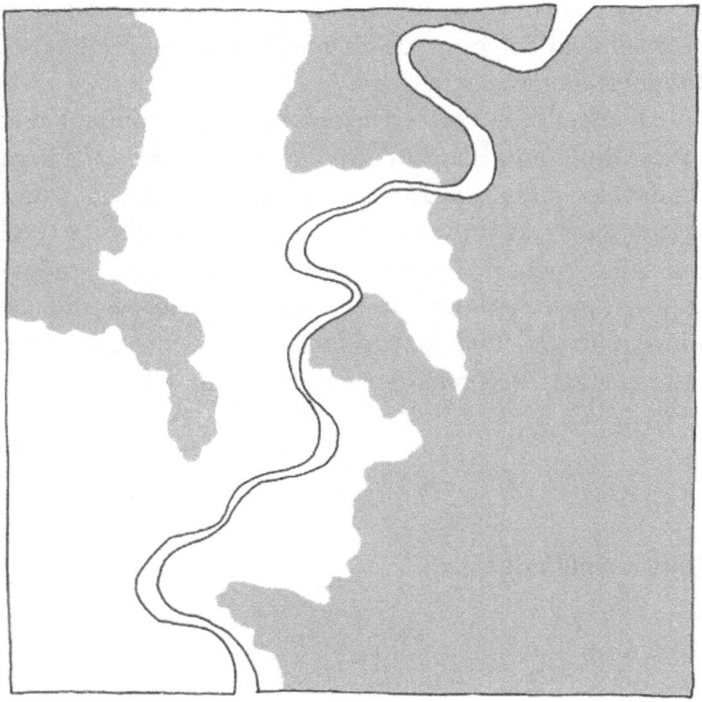

Vemos isso claramente nos rios. Um rio saudável sempre flui do mesmo jeito: vagarosamente, com curvas sinuosas e linhas retas. Você pode ver isso se olhar a foto por satélite de um grande rio; quando vistos de cima eles parecem uma longa linha sinuosa.

Onde o rio é saudável, a água flui de um modo calmo e convidativo aos olhos dos banhistas. Mas às vezes o rio ganha velocidade e surge a corredeira. Isso pode acontecer se chover muito ou se as margens forem concretadas. Nesses casos, o mesmo rio pode se tornar perigoso. Outras vezes, ele deixa de correr completamente. Ou ele seca ou uma grande curva faz com que se separe do curso principal e passe a formar uma piscina. Em ambos os casos, o que era um rio tranqüilo passa a ser um lugar arriscado.

Agora pense no seu apartamento. Imagine-se abrindo a porta da frente e deixando que entre uma grande torrente de água. Como a água fluiria? Escorreria direto para os cômodos ou ficaria empoçada nos cantos? O ideal seria que ela contornasse os móveis, criando caminhos que permitissem o maior movimento possível através de toda sala.

Ela não deveria, por exemplo, correr para um lado da sala que estivesse desimpedido e ficar empoçada em outro, atulhado de móveis, caixas ou outro tipo de desordem.

Sem pensar, com o tempo a maioria das pessoas tende a encostar as coisas na parede e deixar a área central dos cômodos livre. Fazemos isso na tentativa de organizar ou "esvaziar" o ambiente, mas isso só deixa a coisa pior. O fluxo energético fica totalmente desequilibrado, fazendo com que uma energia rápida e negativa aflua para o meio e fique "empoçada" ao longo das paredes, onde a desordem facilmente se acumula.

A história de Nora e John

Quando conversei com Nora pela primeira vez pelo telefone, ela descreveu a cobertura que dividia com o marido, John, como "desarrumada e nada prática". No início de uma gravidez e pensando nos meses que tinha pela frente, ela estava "extremamente estressada" por causa da casa e não sabia o que fazer para torná-la mais confortável. Quando perguntei a Nora o que mais lhe agradava no apartamento, senti seu entusiasmo quando ela descreveu o quanto ele era bem iluminado.

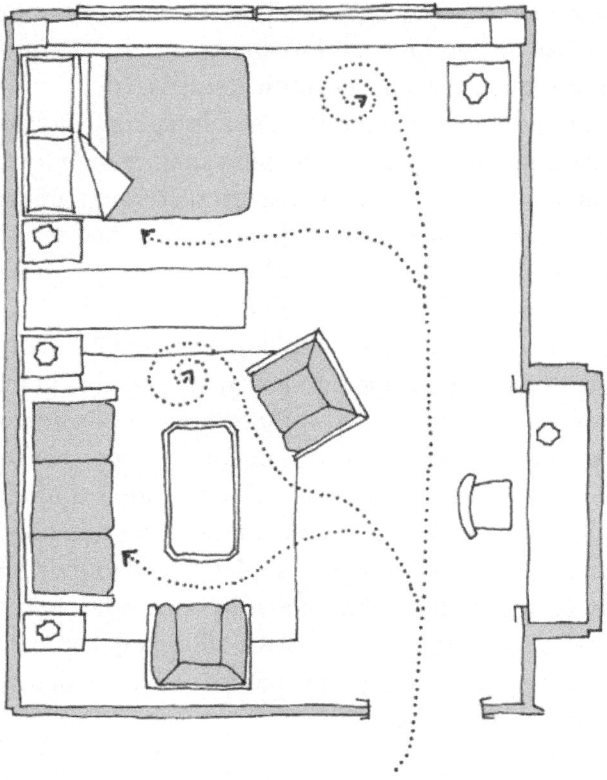

Fluxo negativo

Ao chegar, vi que o amplo apartamento de dois dormitórios do casal era realmente muito bonito. Ele era colorido, tinha quadros divertidos nas paredes, um grande sofá modular na sala e o banheiro nos fundos era um silencioso refúgio.

Mas Nora tinha razão. Apesar da boa aparência, o apartamento tinha um problema tipicamente nova-iorquino. Como se tratava de um espaço longo e estreito, com um salão principal na frente e quartos nos fundos, era difícil conseguir um bom fluxo energético.

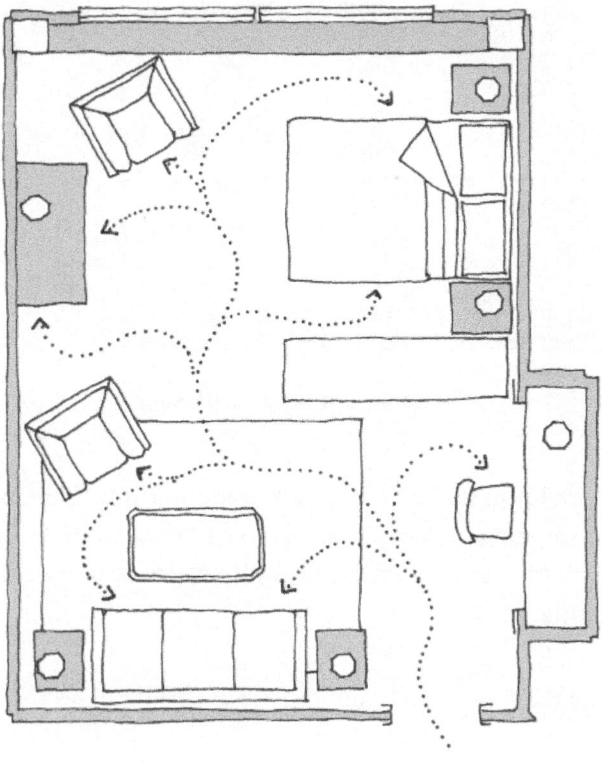

Fluxo positivo

O ambiente principal era uma mistura de tudo – cozinha, sala de estar, sala de jantar e hall de entrada –, por isso eles tinham feito o que era mais natural: colocado todos os móveis de um lado só. O caminho natural que cruzava o apartamento desde a porta da frente era em linha reta, criando o efeito de uma cancha de boliche de fluxo rápido, e deixando o fluxo do outro lado totalmente estagnado. Isso fazia com que eles nunca usassem uma metade da sala e tivessem de se esforçar para deixá-la livre da bagunça.

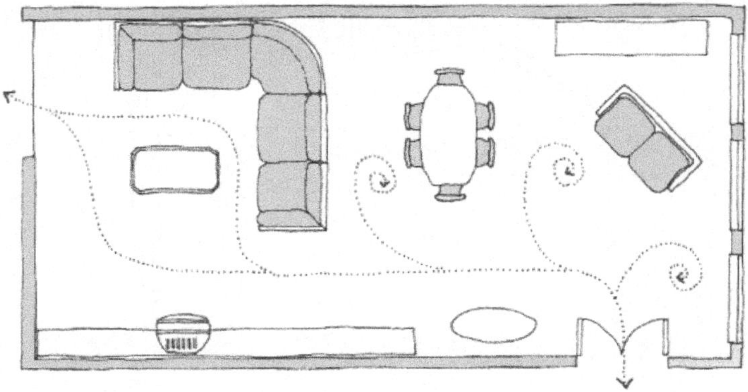

Fluxo de um lado só da sala

Nora tinha razão de não se sentir confortável nessa sala. Como mostra a ilustração, do lado da "cancha de boliche", o fluxo era rápido demais; do outro lado, a energia ficava estagnada.

A solução

Nora e John tinham nas mãos uma sala muito estreita, que precisava ser arrumada de um modo que desfizesse o longo corredor e redirecionasse o fluxo de energia pelo espaço. Essa foi a minha sugestão:

Eu tirei as cadeiras e a mesa de jantar e coloquei uma mesa menor junto à janela, numa das extremidades da sala. Isso liberou a parede e abriu mais espaço. Eu também desmembrei o sofá modular. Embora confortável, o sofá em L estava bloqueando a sala e ocupando metade do espaço. Ele atraía todo mundo para o mesmo ambiente, deixando o outro abandonado. Eu voltei dois módulos para as janelas

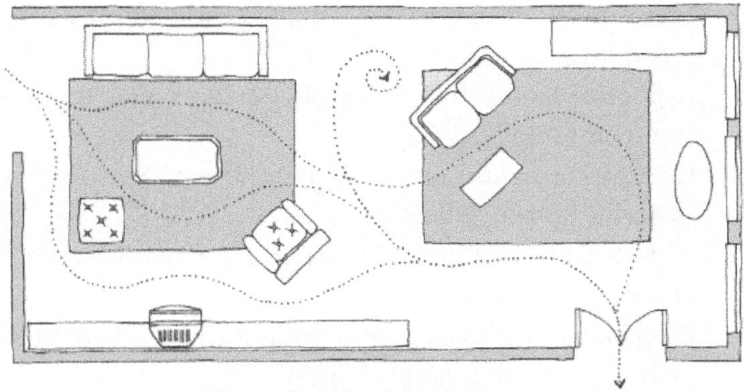

Fluxo através de toda a sala

e acrescentei um tapete fofo e bonito, além de uma mesinha baixa. Esse espaço aberto agora ficaria acolhedor e confortável, perfeito para relaxar ou trabalhar no computador.

Todas essas mudanças agradaram ao casal. A princípio eles não sabiam o que havia de errado com o apartamento, mas agora isso tinha ficado claro e eles acharam que nunca mais disporiam os móveis de um jeito diferente. A única dúvida era quanto à mudança do sofá. Ela não os deixou muito entusiasmados. Depois de pensar um pouco, decidiram experimentar a mudança por algum tempo e deixar um dos módulos guardado no porão. Eles nunca o pegaram de volta e a sala da frente ganhou nova vida.

Veja a sua casa como um corpo

Eu ouço todo tipo de queixa com relação à casa. Algumas têm a ver com o estilo e outras com a funcionalidade, enquanto outras são mais pessoais e sutis. Isto lhe parece familiar?

"Meus móveis não têm estilo nem combinam uns com os outros."
"A iluminação no hall de entrada é ruim, mas eu não sei como melhorá-la."
"Eu nunca convido ninguém para vir em casa porque não há espaço suficiente."
"A desordem no meu apartamento me deixa nervoso."
"O ralo vive entupido."
"Eu adorava o meu escritório doméstico, mas agora ele virou um emaranhado de fios."
"A decoração do meu apartamento está pela metade. Eu não sei o que fazer agora."
"Eu não gosto dessa mesinha de centro, mas ela é tão útil... Será que devo me desfazer dela?"

A maioria das pessoas tem vários problemas ao mesmo tempo, aparentemente sem nenhuma relação uns com os outros, e não sabe por onde começar. Tentar resolver tudo de uma vez é desgastante demais. É melhor encarar os problemas da casa como sintomas e resolvê-los separadamente.

Para tanto, pense na sua casa assim como você pensa no seu corpo. Veja-a como um organismo vivo que cresce forte quando é tratado com carinho e fica debilitado quando é negligenciado. Ampliando esse conceito de saúde corporal e aplicando-o na sua casa, você começará a entender como a sua casa pode ficar mais funcional e como separar os problemas e resolvê-los com mais eficiência.

Isso fica mais claro quando você percebe que a sua casa se compõe de quatro partes: ossos, respiração, coração e cabeça.

1. *Ossos*. As paredes, o chão, o teto, as janelas e os acessórios permanentes formam o esqueleto da casa. Com o tempo, esses elementos básicos vão se deteriorando.

Problemas: A pia vaza, as paredes racham, os azulejos da cozinha se desprendem da parede.

2. *Respiração*. A maneira como você dispõe os móveis da sua casa determina o modo como ela respira. O fluxo saudável fica imediatamente bloqueado quando a disposição dos móveis não é boa ou a bagunça se acumula.

Problemas: As estantes de livros estão muito cheias, a correspondência se acumula sobre a mesa de jantar, certas partes do seu apartamento nunca são usadas.

3. *Coração*. O coração da sua casa se expressa emocionalmente por meio do estilo: as cores, as texturas, as formas e os temas que você escolhe. Se o estilo da casa é indefinido ou irregular, ela fica sem energia, vivacidade e força.

Problemas: As cores da sala de estar destoam, o moderno sofá italiano não parece combinar com a cadeira de balanço de madeira, a sala está sem graça, com a tonalidade pastel dos móveis e das paredes.

4. *Cabeça*. A cabeça da sua casa é expressa no seu propósito – como você a usa e o que faz dentro dela – e se evidencia na sua decoração. Uma casa saudável deveria favorecer as atividades domésticas. Se o design da sua casa não supre as suas necessidades, ela fica disfuncional e causa frustração.

Problemas: A iluminação da sala não é apropriada para leitura, as gavetas da cozinha não são bem divididas e não se encontra nada ali dentro, não há muitos lugares para as pessoas se sentarem, mas você gostaria de ter mais visitas.

Além dessas questões, existem outras que a maioria das pessoas não relaciona diretamente com a casa:

"Eu sou solteiro e gostaria de ter alguém."
"Eu estou com raiva do meu marido porque não temos condições de morar num apartamento maior. Estamos esperando um bebê."
"Eu não gosto do meu emprego e gostaria de ter um trabalho mais gratificante."
"Há muitas coisas que eu quero fazer, mas não consigo porque sou desorganizado."

Essas são as questões mais importantes, que sempre vêm à tona quando estou tentando conhecer melhor o cliente. A maioria de nós passa por frustrações como essas em algum ponto da vida, e quando isso acontece é mais do que provável que elas estejam se manifestando na nossa casa.

Cuidando da sua casa em todos os níveis, você também dá a si mesmo uma forte sustentação para resolver essas questões mais profundas. Examine cada uma delas e você perceberá que uma colabora para o surgimento da outra, numa óbvia progressão que vai dos ossos à cabeça. Se você se lembrar da nossa lista original de problemas, verá que cada um deles pertence a uma área específica da casa.

Vamos percorrer todas as partes da casa novamente, olhando mais de perto cada um dos seus componentes, ao mesmo tempo que você os identifica no seu apartamento.

Os ossos

Os ossos são a estrutura física da sua casa. Eles formam o receptáculo onde você vive. É fundamental que estejam sem-

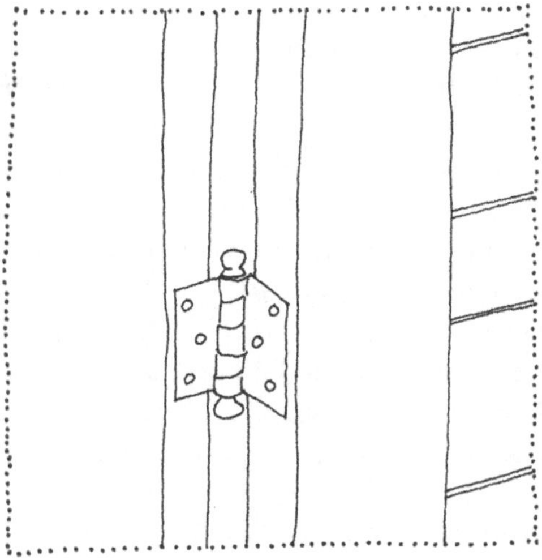

pre limpos e em boas condições para que não acumulem energia estagnada nem transmitam uma sensação de peso.

Você já ouviu alguém elogiar o "bom esqueleto" de uma casa, querendo dizer com isso que ela tem uma boa estrutura? Até apartamentos aparentemente deteriorados podem ter bons ossos. Apesar da aparência danificada, as paredes e o teto são sólidos, o assoalho está em bom estado e os cômodos são amplos e bem divididos, fazendo dela uma morada confortável.

Os apartamentos antigos geralmente têm um esqueleto melhor do que os mais novos. O tamanho dos cômodos é maior e a ótima qualidade dos materiais usados na construção é muitas vezes evidente em detalhes como a espessura do assoalho de madeira e dos armários embutidos. Esses apartamentos mais antigos, com suas grossas paredes, têm uma aparência sólida e respondem muito bem a renovações. Combinam mais com uma cadeira de estilo antigo, entalhada à mão, do que com móveis feitos em série. Esse tipo de apartamento nunca fica antiquado.

Em qualquer situação, é dos ossos da sua casa que você deve cuidar primeiro. Esteja você avaliando um apartamento pela primeira vez ou morando nele há algum tempo, azulejos e pisos de cerâmica quebrados, assoalhos de madeira danificados e janelas emperradas são tipos de conserto que merecem a sua atenção imediata.

A boa manutenção dos ossos exige limpezas regulares. Encare isso como uma medida profilática, como escovar os dentes. Assim como as placas bacterianas aderem aos seus dentes, a poeira, a sujeira e a gordura também aderem aos ossos da sua casa. Isso vai acontecendo aos poucos e, se não tomar providências, você terá de enfrentar uma série de problemas que vão do bolor nos azulejos do banheiro às superfícies empoeiradas e até pulgas e percevejos. Levada ao extremo, a falta de faxina regular pode resultar em problemas de saúde como alergias e asma. No Tratamento de Oito Semanas, a limpeza é uma parte essencial da sua rotina semanal, devendo se tornar um hábito regular.

Por fim, o cuidado com os ossos da casa não serve simplesmente para manter a sua aparência externa. No Feng Shui, a poeira que se acumula na casa é uma das principais indicações de energia estagnada ou negativa. Num nível muito sutil, a limpeza da nossa casa exerce uma influência direta sobre a nossa energia e vitalidade. Quando eu percorro uma casa limpa regularmente, sinto no mesmo instante uma eletricidade e animação no ar e geralmente percebo essa mesma vivacidade nos moradores da casa.

A respiração

A respiração se refere ao modo como estão dispostos os móveis e outros objetos da sua casa. Ela descreve o fluxo através de cada cômodo e a maneira como você organiza o espaço para cada atividade que realiza dentro dele. A boa disposição dos móveis e a ausência de bagunça favorecem a respiração da casa. Era esse o maior desafio de Nora e John.

Ao considerar a respiração da casa, é preciso levar em conta quatro aspectos:

1. Como os cômodos estão distribuídos.
2. Como a mobília está disposta.
3. Quais os pontos de iluminação da casa.
4. Como estão acondicionados os livros, as roupas, etc.

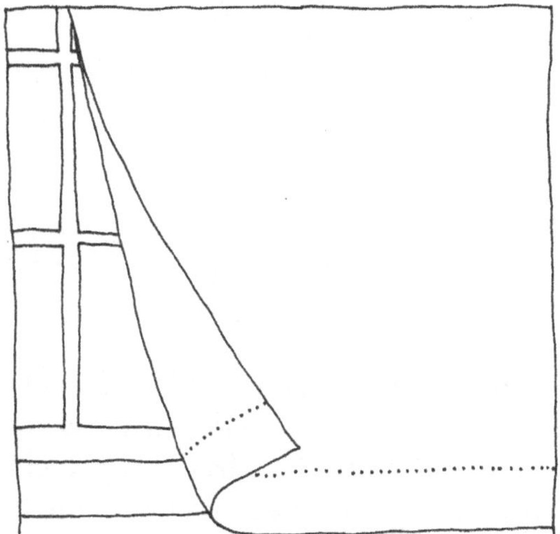

Se o apartamento está vazio, ele ainda não adquiriu vida. É só quando você se muda para lá, com todos os seus pertences, que ele começa a respirar. A disposição dos móveis e o modo como você guarda os objetos passam, então, a ter importância crucial para o fluxo energético da casa. Assim como o rio da analogia anterior, a maneira como você organiza o hall de entrada, a sala de estar e o seu quarto estabelece o tipo de respiração da sua casa, além de regular o seu ritmo, tornando-a mais lenta ou mais rápida. Assim como acontece com a nossa respiração, esse nível é inconsciente; ao se mudar, a maioria das pessoas não pensa no modo como vai arrumar os móveis – isso simplesmente acontece.

O coração

Beth tinha um lindo apartamento de um dormitório em Manhattan. Com cômodos grandes e janelas voltadas para o rio Hudson, o apartamento tinha tudo para ser maravilhoso, mas não era. Quando Beth me telefonou, disse que o apartamento estava "inacabado" e era "sem graça". Ela morava lá havia cinco anos e tinha toda a mobília de que precisava, mas havia algo errado. Quando começamos a conversar, uma interessante história veio à tona.

Quando ela se mudou, era solteira e não ligava muito para o apartamento. Nesse sentido, Beth era uma típica pessoa fria. Agora ela se sentia diferente. Vinha comprando roupas mais coloridas desde o último ano e todo o seu guarda-roupa estava mudando. Agora ela queria que a sua casa também ficasse mais colorida *e* bem-acabada.

Beth também estava apaixonada. Estava namorando fazia algum tempo e as suas emoções estavam começando a fluir outra vez, depois de um longo período de total marasmo. Comparado à vida emocional da dona, era como se o apartamento estivesse preso ao passado. Embora tivesse um ótimo esqueleto e uma respiração saudável, ele era uma caixa branca com móveis em tons de bege, um assoalho de madeira clara e paredes praticamente nuas. Não havia cor nenhuma no ambiente. A casa não tinha coração.

Ao longo dos dois meses seguintes, inspirada nas cores e tecidos das suas novas roupas, Beth injetou cor no apartamento, começando pelo assoalho, que ela mandou pintar num tom semelhante ao mogno. Isso deixou os ambientes mais quentes e com aparência mais sólida. As paredes receberam várias camadas de um branco quebrado, que também aqueceu o ambiente. Ela também mandou forrar o sofá e as cadeiras com um tecido de cores vivas que contrastou com as paredes brancas e o assoalho escuro. O apartamento ganhou vida.

Quando Beth acrescentou cor à sua casa, ela estava cuidando do fluxo cardíaco da sua vida, que continuou a se fortalecer com o passar do tempo. E o namorado dela? Acabou se tornando marido.

Não é fácil definir o coração da casa, pois ele diz respeito à sua vida emocional. Quando quiser descobrir qual é o coração da sua e trabalhar com ele, comece pensando nos elementos que lhe conferem paixão. Os elementos relacionados ao coração – a cor, as formas, a textura e até o aroma – nos afetam de modo imediato e consciente quando entramos num ambiente. Se um apartamento é bem distribuído, ele é confortável; mas se tem esses quatro elementos, ele pode ser bonito também.

Um ambiente mexe com as nossas emoções quando chama a nossa atenção para elementos fortes, enquanto o resto fica em segundo plano. Para ter estilo, uma casa só precisa de toques dramáticos espalhados aqui e ali. A maioria das coisas que você tem na sala deve passar despercebida, enquanto alguns poucos objetos, como um vaso de flores, um abajur colorido ou uma obra de arte, atraem o olhar. Se você tem na sua sala vários objetos competindo para chamar a atenção, a sua casa deve ser movimentada e superestimulante. Se não há nada na sala que chame atenção, ela deve ser bem pouco vibrante.

A cabeça

Bob e Jen me procuraram porque, depois de morar quase três anos no mesmo apartamento, eles estavam frustrados e infelizes. Jen disse que muitas vezes ela não tinha nem vontade de voltar para casa.

À primeira vista, eles tinham um magnífico apartamento de um dormitório, cheio de janelas. No entanto, eles não tinham arrumado o apartamento na época da mudança e a reforma de vinte anos antes, feita pela inquilina anterior, já tinha passado do prazo de vencimento: faltavam azulejos no

banheiro, o assoalho de madeira estava gasto e as paredes, precisando de uma boa demão de tinta.

Existia, porém, um problema mais grave ainda. A inquilina anterior era uma artista e havia moldado o apartamento ao seu estilo de vida. E tinha feito um bom trabalho. O apartamento tinha um estilo boêmio, com paredes de cores vivas, um sofá de alvenaria acompanhando o formato da sala e uma ducha com vista para a rua. Também tinha uma cozinha bem pequena, com poucos armários, porque ela não tinha o hábito de cozinhar. Embora Bob e Jen tivessem necessidades completamente diferentes, o apartamento continuava o mesmo desde que tinham se mudado para lá.

Bob e Jen brincaram comigo, dizendo que o apartamento tinha fantasmas, mas era verdade: eles estavam morando num apartamento que, no fundo, não era deles! O problema não era a falta de decoração e de móveis. Só era preciso criar um espaço que estivesse de acordo com o estilo de vida deles. Bob não tinha onde trabalhar nos seus projetos e Jen, que era professora, acabava tendo de preparar todas as aulas no quarto. Os dois tinham profissões de que gostavam, mas às quais não podiam se dedicar muito bem enquanto estavam em casa.

Com seus cômodos sem portas, a falta de armários, o enorme sofá fixo e um banheiro maluco, o apartamento deles não favorecia a concentração e o foco que eles desejavam; ele favorecia a expansão e inventividade da vida de uma artista criativa solteira. Esse apartamento precisava ser mais prático.

A cabeça se refere ao propósito da casa. Ela descreve o raciocínio por trás de cada cômodo e dá sustentação a todas as atividades que mais importam para você. É preciso atentar para duas coisas quando se considera a cabeça de uma casa: o que exatamente você faz na sua casa e onde você faz isso.

Se você for claro e honesto consigo mesmo sobre o modo como usa a sua casa, isso dará a ela muito mais foco e senso de propósito. Se não tiver uma idéia clara sobre o propósito de cada área, isso resultará em bagunça e frustração. Se isso se prolongar por muito tempo, você vai começar a usar a sua casa cada vez menos.

Meus exemplos favoritos de casas "bem pensadas" são a Casa Branca, em Washington; a mansão da Playboy de Hugh Hefner, em Chicago; e a casinha na campina de Ma e Pa Ingalls, dos livros da escritora Laura Ingalls. Em cada caso, os interesses dos donos e os objetivos que eles buscam estão refletidos em cada um dos ambientes da casa, desde a majestosa estação de comando da Casa Branca, com seus pilares brancos; passando pelo palácio do prazer de Hefner até a casinha-oficina modesta da família Ingalls. Embora o seu estilo e os seus objetivos possam ser diferentes dos exemplos que eu dei, a sua casa não deve ser diferente em clareza de propósito.

Você está pronto?

Então? Você está preparado para mudar a sua casa e a si mesmo? Agora que você entendeu que a sua casa é muito mais do que quatro paredes e a mobília, e consegue vê-la como um organismo vivo, com ossos, respiração, coração e cabeça, é hora de arregaçar as mangas e deixá-la muito melhor!

O capítulo a seguir inclui um planejamento para atender às necessidades do seu apartamento em todos os níveis. O Tratamento começa com um questionário em estilo de entrevista e depois lhe dá diretrizes sobre como fazer consertos (nos ossos), mudar a disposição dos móveis (a respiração), redecorar (o coração) e adaptar o espaço aos seus propósitos (a cabeça). No final deste livro, eu acrescentei um calendário de manutenção para manter o seu apartamento em ordem ao longo de todo o ano.

Parte Dois

O Tratamento

Capítulo 3

Ouça o Seu Apartamento

Nancy me cumprimentou na porta e me convidou para entrar. Delicada anfitriã, ela me levou pela sala de estar e sugeriu que eu tirasse o casaco. "Pode deixar em qualquer lugar", ela acrescentou. Não havia por perto nenhum gancho, mancebo ou armário embutido onde eu pudesse pendurá-lo. Essa foi a primeira pista.

"Você gostaria de beber alguma coisa? Água? Um refrigerante?"

Eu deixei o casaco e a maleta perto do sofá e esperei até que ela viesse da cozinha trazendo um copo d'água. Olhei em volta e percebi que a lâmpada perto da porta da frente estava apagada e o casaco e a bolsa dela, amontoados sobre o sofá.

"Estou tão feliz por você ter vindo hoje!", ela continuou ao voltar. "Estou realmente enjoada do meu apartamento. Esta sala até que está boa, mas aquelas duas poltronas ali são muito desconfortáveis. Elas são herança dos meus pais e até que são bonitas, mas esmagam a gente. Nunca me sento nelas. Quer dizer, elas têm ótima aparência, mas acho que eu devia trocar por outras. E eu queria saber o que você acha das fotografias. Aquela ali é da minha irmã – tive a idéia de pendurar ali. E esta, não sei se ela deve continuar nessa parede."

Nós não tínhamos nem falado do ambiente pelo qual ela havia me procurado e ela já estava mencionando um número alarmante de problemas que a preocupavam. Se ela continuasse a falar muito em breve estaríamos os dois sem saber por onde começar e eu, tão ansioso quanto ela.

Aproveitei a deixa quando ela fez uma pausa para respirar: "Deixe-me explicar como eu gostaria de estruturar esta visita. Nós vamos começar percorrendo todo o apartamento. Vamos começar pela porta da frente, passar por cada um dos cômodos e voltar para o mesmo ponto. Vamos ver cômodo por cômodo. Eu gostaria que você me dissesse para que serve cada ambiente e o que você gosta ou não gosta em cada um deles. Eu só vou ouvir. Quando terminarmos, nós nos sentamos e eu lhe faço algumas perguntas."

"Tudo bem", ela concordou, com uma expressão um pouco preocupada.

"Vamos começar por aqui, o hall de entrada", eu disse, ficando ao lado da porta da frente. "Este é o primeiro ambiente."

"Mas ele não é grande o bastante para ser um ambiente!", ela exclamou, surpresa.

"Claro que é! É o seu hall de entrada, que está sendo ignorado. Se nós o chamarmos de saguão ou hall de entrada ele se destaca do resto do apartamento e mostra alguns problemas." Eu apontei para a lâmpada queimada.

"Ah, sabe que eu nem notei?..."

Os problemas que estão bem embaixo do seu nariz (ou bem em cima da sua cabeça) são os mais difíceis de ver, e é exatamente aí que se encontram os problemas da sua casa. Dar um passeio pelo apartamento e fazer uma lista dos problemas de cada ambiente é um jeito simples e eficaz de começar.

Depois que terminamos nossa voltinha pela casa e retornamos à porta da frente, eu disse: "Vamos nos sentar agora e eu farei com você a Entrevista da Terapia do Apartamento".

"Ótimo! Vá em frente e acomode-se no sofá." Nancy olhou para as poltronas e resolveu pegar uma cadeira na cozinha. (Em muitos apartamentos, o simples ato de se sentar para uma conversa já é um desafio.) "Eu preciso escrever alguma coisa?"

"Não, eu escreverei o que for preciso. Quero que você esqueça tudo sobre o apartamento por um momento. Eu vou começar fazendo perguntas sobre as suas preferências em várias categorias diferentes. Qual é a sua atriz favorita?"

"A minha atriz favorita?"

"Isso mesmo. Diga o primeiro nome que lhe vier à mente. Você pode falar até três nomes ou nenhum."

"Essa é uma pergunta difícil. Me dê só um segundo." Nancy finalmente disse, "Bom, eu gosto de Lauren Bacall e Katharine Hepburn".

"Muito bem", respondi, observando a expressão do rosto dela e tomando nota dos nomes.

"Eu costumava gostar de Meryl Streep, mas não gosto mais. Ela está muito afetada. E eu adoro Emma Thompson!"

O que Nancy havia me dito revelava um pouco do seu estilo interior: a elegância e a feminilidade das atrizes mais antigas, a paixão e a inteligência das atuais.

A entrevista

Quando eu visito os meus clientes, sempre começo percorrendo todo o apartamento e fazendo algumas perguntas. Na terapia, é importante uma conversa inicial. A melhor maneira de começar esse tipo de projeto é parar para pensar um pouco, fazer a si mesmo algumas perguntas importantes e imaginar o que você quer fazer na sua casa. Como em qualquer viagem importante, é essencial saber aonde você está indo antes de sair de casa.

Portanto, comecemos com uma entrevista. O exercício inteiro leva trinta minutos. Eu recomendo que você responda a todas estas perguntas mesmo que não se sinta preparado para começar o tratamento propriamente dito. Pelo menos você estará aquecendo os motores.

Encontre um tempo em que não será interrompido. Tire o telefone do gancho, desligue o rádio, o aparelho de som e a TV. Sente-se na sala de estar ou no ambiente principal do seu apartamento. Leia as perguntas a seguir e responda-as com toda honestidade. Você pode dar três respostas para cada pergunta sobre as suas preferências ou pode não responder, caso a pergunta não se aplique a você:

Preferências

Relacione a sua preferência em cada categoria:
Atriz:
Ator:
Artista:
Escritor:
Músico:
Restaurante:
Carro:
Programa de TV:
Roupa (estilista ou loja):

Como você descreveria o seu estilo (em três palavras)?

1.

2.

3.

Histórico de vida

Onde você já morou?
Onde você nasceu:
Onde você foi criado:
Em que outro lugar você morou na idade adulta:

Quem você considera um modelo para você?

Quais são as três qualidades que você admira nessa pessoa?

1.

2.

3.

O apartamento

Qual é o problema do seu apartamento (em três palavras)?

1.
2.
3.

Se o seu apartamento pudesse falar, qual problema ele apontaria?

Qual é a mudança que você mais gostaria de fazer no seu apartamento?

Depois das oito semanas de tratamento, depois que este projeto estivesse terminado, se três amigos o visitassem, como você gostaria que eles descrevessem a sua casa (em três palavras)?

1.
2.
3.

Essas perguntas iniciais às vezes fazem com que as pessoas exclamem, "O que isso tem a ver com a minha casa?" Na medida em que vão servir de base inicial para as mudanças que fará na sua casa, elas têm tudo a ver.

O processo de conhecer as suas preferências pode revelar muitas coisas, entre elas:

Resposta rápida = facilidade para tomar decisões (precisa de direcionamento)

Resposta lenta = cautela ao tomar decisões (precisa de estímulo)

Respostas em branco = idéia vaga do estilo pessoal (precisa se basear em algum outro estilo)
Respostas demais = quer combinar coisas demais, pode ter problemas com a bagunça (precisa fazer uma seleção)
Respostas muito ecléticas = o seu estilo pode não ser muito bem definido ou você pode não saber muito bem que imagem quer passar aos outros (precisa de definição)
Dificuldade para eleger um artista ou uma roupa = mais voltado para a análise e menos para o visual (precisa ver muitas fotos para melhorar o conhecimento visual)

Além de tudo isso, você também precisa saber se a descrição que fez do seu estilo está de acordo com a sua lista de preferências. Por exemplo, Nancy respondeu o seguinte:

Preferências:

Atriz: Katharine Hepburn, Lauren Bacall, Meryl Streep, Emma Thompson
Ator: Gene Hackman, Sean Penn, Colin Firth
Artista: Isamu Noguchi, Mark Rothko
Escritor: Richard Russo, John Steinbeck
Músico: Ornella Vanoni, os italianos dos anos 60, Frank Sinatra, jazz, Frank Zappa
Restaurante: The Four Seasons, Elephant, Prune
Carro: Audi A8 versão *station wagon*, picapes antigas
Roupa (estilista ou loja): vestidos de noite Valentino, jeans Diesel de corte reto
Estilo: elegante, clássico, confortável

Graças ao tempo que passou estudando na Europa, depois da faculdade, Nancy desenvolveu um estilo híbrido que engloba preferências muito prosaicas como Meryl Streep, Colin Firth, uma picape e jeans, e outras, extremamente sofisticadas, como Katharine Hepburn, Isamu Noguchi, the Four Seasons e vestidos de noite Valentino. Ela também tinha um grande repertório de respostas, que, juntamente com o fato de seu estilo pessoal ter dois pólos opostos, revelava que ela precisaria de foco e disciplina para que o apartamento ficasse realmente bom.

Eis as outras respostas dela:

Do lugar onde nasceu até o endereço atual

Nasceu: Nova York
Cresceu: Nova York
Na idade adulta: Seattle, New Hampshire, Itália, Nova York

Modelo para ela:

Professora do colegial: bem articulada, profissional, mãe dedicada, inspiradora

Qual é o problema:

Muito escuro
Sem um propósito claro
Muitos espaços mortos

O que o apartamento diria?

"Estou farto de ficar largado. Quando a Nancy vai prestar mais atenção em mim?"

O que está faltando que você gostaria de fazer?

"Poder receber hóspedes num quarto de hóspedes e ter uma escrivaninha na qual possa trabalhar."

Como você gostaria que este ambiente fosse descrito?

Acolhedor
Aparência de que é usado com freqüência
Chique

Nancy tinha feito algumas viagens quando era criança, mas tinha viajado muito mais depois de adulta. Eu podia apostar que ela sabia o que era ter uma casa confortável e estável e não teria dificuldade para criar uma. Em comparação, as pessoas que mudam muito de endereço durante a infância geralmente acham difícil montar o seu próprio cantinho, pois nunca têm muita certeza de que continuarão morando no mesmo lugar.

As três perguntas seguintes também revelaram muito sobre a personalidade de Nancy. As pessoas que usamos como modelo servem de inspiração para nós e Nancy queria ser articulada, profissional e dedicada, ou seja, ela queria foco e paixão em sua vida. O apartamento dela simbolizava o modo como ela se sentia no momento, com relação a ela mesma: um pouco inútil, sem objetivos e sem paixão. As suas respostas finais reafirmavam o que ela queria para si, mas com respeito ao futuro, quando ela se sentiria muito mais descontraída. Ela e o apartamento seriam "acolhedores" (à vontade), "usados" (experiente) e "chiques" (inteligente, articulada, profissional).

Embora o estilo de Nancy não fosse muito bem definido, os seus anseios eram muito claros. O desejo de pôr a casa em ordem tinha um propósito muito claro. Ela queria se livrar dos "espaços mortos", canalizar as suas energias e dar impulso à sua vida. Tudo isso começaria com a casa dela.

Quando examinar as suas próprias respostas, leve duas coisas em consideração: as suas preferências (que evidenciam o seu estilo) apontam todas para a mesma direção e as suas aspirações estão claras? Eu descobri que a maioria das pessoas não tem dificuldade para responder às perguntas sobre as suas aspirações, mas hesita um pouco nas perguntas sobre estilo. De qualquer maneira, é muito mais importante ter uma idéia clara acerca das próprias aspirações.

Agora vamos examinar mais de perto o seu apartamento. Eu criei o questionário a seguir exclusivamente para este livro, como um método de autodiagnóstico. Leia as dezesseis perguntas a seguir e responda "sim" ou "não", tomando nota das respostas.

Cabeça	sim	não
1. A sua casa comporta todas as atividades que você gostaria de realizar no ambiente doméstico?		
2. Você passa muito tempo em casa?		
3. Há espaço na sua casa para você fazer tudo o que quer?		
4. Há espaço suficiente para você fazer o que é mais importante para você?		

Coração

5. Você acha a sua casa bonita?
6. Na sua opinião, você tem estilo?
7. As suas roupas expressam o seu estilo?
8. A sua casa expressa o seu estilo?

Respiração

9. Você considera a sua casa confortável?
10. Você costuma dormir bem à noite?
11. O seu apartamento é organizado?
12. Ele é fácil de limpar e de organizar?

Ossos

13. Você acha que a sua casa está em bom estado de conservação?
14. Está tudo funcionando perfeitamente?
15. Você procura efetuar os consertos sem demora?
16. Você limpa a sua casa com freqüência?

RESULTADO FINAL

Se a sua casa estiver em perfeito estado e permitir que você realize com conforto as suas atividades diárias, você terá respondido "sim" a todas as perguntas do questionário. A questão é: quantas vezes você respondeu "não" e às perguntas de que área? Cabeça, coração, respiração ou ossos? As suas respostas "não" se limitaram a uma das áreas ou se espalharam pelas quatro?

Some o número de vezes em que disse "sim" e descubra qual é a pontuação da sua casa:

13 a 16:

Excelente saúde. Revigorante. Modernizações ocasionais e manutenção constante são tudo de que o seu apartamento precisa.

9 a 12:

Saudável. Confortável. Você poderia fazer melhorias em pelo menos uma área e harmonizar o resto da casa, para que tudo combine perfeitamente.

5 a 8:

Debilitada. Pouca energia. Problemas visíveis precisando de solução estão provavelmente sendo ignorados há algum tempo.

0 a 4:

Muito doente. Deprimente. Problemas sérios que são prejudiciais à sua saúde.

O resultado do seu questionário mostrará o volume de trabalho que você terá nas semanas seguintes. Se você é daqueles que tem uma casa debilitada ou muito doente, o trabalho que lhe aguarda é o mais intenso e os resultados, os mais radicais. O ideal é que você procure alguém que possa lhe dar uma ajuda braçal e aumentar o seu fôlego, para que a reforma transcorra de maneira mais suave. Se a sua casa é saudável ou estiver em excelente estado, ótimo! A sua tarefa será elevar as suas próprias expectativas e tornar a sua casa ainda melhor.

Todos nós costumamos ter uma área da casa que nos incomoda mais. Se esse é o seu caso, volte à página do questionário e faça um círculo em volta do nome dessa área. Quando começar o Tratamento, procure prestar mais atenção a essa área.

Como o tratamento é organizado

O Tratamento completo se divide em oito etapas, que correspondem a oito semanas. Esse período de tempo não foi estabelecido por acaso. Trata-se de tempo suficiente para concluir o projeto de um apartamento de bom tamanho, sem que você perca o ritmo ou se canse demais. Oito semanas também é tempo suficiente para você criar novos hábitos com relação à maneira como vive enquanto está em casa. No entanto, se você quiser ir um pouco mais rápido e abreviar esse tempo, combinando duas semanas em uma, fique à vontade.

Cada semana do Tratamento também se divide em duas seções: Tratamento Intensivo e Solução para um Ambiente. A primeira seção mostra a você todos os passos necessários para promover uma revitalização profunda no seu apartamento a um custo mínimo. A segunda é dirigida aos leitores que pretendem transformar apenas um ambiente da casa.

O Tratamento Intensivo foi feito para um apartamento de um dormitório, mas você pode estendê-lo ou abreviá-lo para que ele se adapte ao seu próprio apartamento. Eis a seguir o resumo esquemático do Tratamento Intensivo:

Primeira semana – Todo o apartamento: limpeza, Lista de Consertos

Segunda semana – Cozinha: limpeza, organização, cozinhar
Terceira semana – Hall de entrada: limpeza, organização, planejamento de uma "Pista de Pouso"
Quarta semana – Sala de estar: limpeza, organização, escolha das cores
Quinta semana – Escritório: limpeza, organização, arrumação do escritório
Sexta semana – Banheiro: limpeza, organização, escolha da iluminação
Sétima semana – Dormitório: limpeza, organização, escolha dos objetos de decoração
Oitava semana – Todo o apartamento: preparação da festa de inauguração da casa

A Solução para um Ambiente foi feita para ajudar você a se concentrar num cômodo do apartamento que esteja precisando muito de uma transformação ou modernização. Você pode usá-la para realizar um projeto pequeno ou grande, isso fica a seu critério. Ele inclui o cálculo do orçamento, a decisão sobre quem será contratado e o planejamento das tarefas. O resumo esquemático para a concretização de um projeto de oito semanas é o seguinte:

Primeira semana – Planejamento: vizualização do que você quer e cálculo do orçamento
Segunda semana – Planejamento: desenvolvimento da planta baixa e da Lista de Compras
Terceira semana – Planejamento: cotação dos móveis e serviços
Quarta semana – Planejamento: entrevistas, contratação e agendamento dos prestadores de serviço

Quinta semana – Trabalho: escolha das cores, encomenda dos itens da Lista de Compras, decisão acerca de quem fará os trabalhos necessários (você ou um prestador de serviços?)
Sexta semana – Trabalho: realização dos trabalhos necessários
Sétima semana – Trabalho: limpeza e reinstalação
Oitava semana – Finalização: toques finais e preparação da festa de inauguração

A essa altura, você já está pronto para decidir que caminho tomar. Se a pontuação final da sua casa, no questionário, estiver entre oito e zero, você provavelmente terá de concentrar todo o seu tempo e energia no Tratamento Intensivo e nada mais. Se a pontuação for mais alta, você pode acrescentar ao seu programa a Solução para Um Ambiente.

Capítulo 4

Primeira Semana: Visualize o Que Você Quer

"Eu detesto a cor verde deste quarto!"

Nancy tinha me levado ao outro dormitório da casa. Eu estava frente a frente com quatro paredes pintadas de verde-limão, em faixas horizontais de larguras variadas.

"O que aconteceu aqui?", perguntei.

"O meu antigo namorado e eu pintamos este quarto juntos. Demorou tanto para fazer que eu simplesmente deixei assim mesmo. Mas agora eu queria mudar. Está horrível! Eu não sei o que tínhamos na cabeça!"

"O que você quer fazer neste quarto?"

"Eu gostaria de ter um quarto de hóspedes e também precisava de um espaço para servir de escritório."

"Tudo bem. Vamos deixar de lado as paredes verdes por enquanto e conversar sobre esses seus planos. Como você gostaria que este quarto fosse?"

Nancy parecia meio preocupada com as paredes verdes e com o ex-namorado, mas depois sorriu, com o semblante transformado:

"Eu vi um sofá numa loja, o mês passado, que era tão lindo que eu quase comprei na hora! Era em estilo antigo, mas com um tecido moderno, pernas de madeira e braços arredondados. Eu o imaginei neste quarto, com a escrivaninha ali e todos os meus livros naquela parede. Eu queria que este quarto fosse um escritoriozinho bem aconchegante."

"Você tem uma foto de qualquer uma dessas coisas? Do sofá, por exemplo? Ou uma idéia da escrivaninha?"

"Não, mas poderia conseguir."

"Ótimo! Na semana que vem eu quero que você vá atrás desse sofá, veja se ainda está na loja e arranje algumas fotos. Dê uma olhada numas três revistas de decoração e recorte fotos de ambientes de que você goste. Nós usaremos essas fotos para definir melhor como vai ser esse seu escritoriozinho aconchegante."

"É só conseguir as fotos? Isso parece divertido."

Nancy nunca tinha gostado do quarto pintado com listras verdes e das poucas opções que ele lhe dava, mas agora tinha tomado uma decisão e estava muito mais animada. Embora ainda precisássemos discutir alguns problemas e resolver antigas questões, para que o projeto desse certo Nancy precisava de um tempo para imaginar a solução que queria. Todos os empreendimentos de sucesso começam com uma boa visualização.

Primeira semana: Tratamento intensivo

Ossos
Faça uma lista completa de consertos e soluções.
Passe o aspirador e um pano úmido no chão.

Respiração
Tire um objeto do seu apartamento e desfaça-se dele.

Coração
Compre flores frescas.

Cabeça
Sente-se durante dez minutos numa parte da casa onde você nunca se sentou.
Pesquise produtos de limpeza biodegradáveis.

Primeira semana: Solução para um ambiente

Escolha um cômodo.
Recorte fotos de ambientes de que você goste muito.
Comece a criar uma "Bandeja de Estilo".
Visite a sua loja de decoração favorita.
Calcule o seu orçamento.

Tratamento intensivo

Ossos

Faça uma lista completa de consertos e soluções. Percorra todo o apartamento esta semana e faça uma lista completa de todos os consertos necessários. Verifique as cadeiras que precisam de conserto, os azulejos que precisam ser substituídos e os pontos de luz que precisam de novas lâmpadas ou uma nova fiação. Imagine que você vai comprar esse apartamento e está fazendo a Lista de Consertos que o seu dono imaginário terá de fazer antes de você se mudar. Se houver ralos entupidos, inclua o desentupimento na sua lista. Se alguma torneira estiver pingando, inclua esse conserto também.

Lista de Consertos

Cômodo	Conserto	Solução	Conclusão

Inclua todos esses itens na sua Lista de Consertos. Essa lista é o primeiro item da pasta do seu projeto. (Essa pasta terá três folhas. Para ajudá-lo, eu incluí no Apêndice deste livro um modelo de cada uma delas, que você poderá fotocopiar.)

Um conserto que você deixa de fazer no seu apartamento é como uma ferida aberta que precisa ser curada. A vida dessa parte da casa está profundamente inconsciente e por isso é fácil deixar os problemas irem se acumulando. Você pode não resolvê-los, mas sabe que eles estão lá. Resolvê-los é como concluir um assunto inacabado ou arrumar a desordem – elimina um bocado de energia estagnada!

Também costumamos adiar os consertos porque é preciso um pouco de esforço para encontrar a pessoa certa para realizá-los. Esta semana é a ocasião certa para você fazer essa pesquisa. Quando a sua lista estiver completa, contendo todos os consertos anotados numa coluna, tome a decisão de iniciar a pesquisa necessária para resolver cada um deles e tome nota dessa solução na coluna ao lado.

Passe o aspirador e um pano úmido no chão. Quando começa a remodelar a sua casa, é importante que você "quebre o gelo" e comece a se familiarizar mais com ela. A melhor maneira de fazer isso é limpando-a. Quando passa o aspirador e um pano úmido no assoalho, você conhece cada canto do seu apartamento e também percebe se o seu fluxo está bom ou não. Ao passar o aspirador pelos cômodos, note se é fácil passá-lo embaixo e em volta de cada móvel. Se você precisa deslocar caixas, móveis, livros ou qualquer outra coisa para fazer um bom trabalho, vá anotando essas dificuldades mentalmente para tentar encontrar uma disposição melhor para esses objetos nas semanas seguintes. Observe que alguns tipos de assoalho não podem ser umedecidos. Nesse caso, passe um pano seco com a ajuda de um rodo, embaixo dos móveis e em volta deles, ou use uma *Swiffer*, um tipo de vassoura eletrostática que atrai a sujeira.

Evitar ao máximo a poeira é extremamente importante para a saúde do ambiente em que você vive. De acordo com o Feng Shui, além de causar alergias, a poeira contém resquícios de energia sem vida e o seu acúmulo contribui para a estagnação da sua vida. Se você se lembra, quando eu trabalhava no apartamento de Carl e Julia, descobri que o cômodo mais importante da casa deles, o quarto do casal, tinha tufos de poeira embaixo da cama. Uma das questões principais a respeito do casal era o fato de que eles não estavam dormindo bem. Apesar da aparência alegre do apartamento, ninguém limpava embaixo da cama já fazia algum tempo, em parte por causa dos objetos que eles costumavam guardar ali. Reserve um tempo, esta semana, para verificar os espaços sob os móveis do apartamento e em volta deles.

É importante ter os utensílios certos para a limpeza, porque assim o resultado fica melhor e você tem mais prazer em limpar. Quando for comprar um aspirador portátil, prefira um modelo que você possa ligar na tomada (não-recarregável, pois esses perdem potência com o tempo) e que tenha filtros HEPA (sigla em inglês de Filtragem de Ar de Alta Eficiência), para ter certeza de que você não vai simplesmente mudar o pó de lugar. (Projetados durante a Segunda Guerra Mundial para remover e capturar partículas radioativas dos sistemas de exaustão dos reatores nucleares, os filtros HEPA têm uma taxa de retenção de 99,97% de partículas com dimensão de até 0,3 microns – média muito mais alta do que os filtros de ar comuns.)

Respiração

Tire um objeto do seu apartamento e desfaça-se dele. Nesta semana você está quebrando o gelo, e não há nada melhor para quebrar o gelo do que se desfazer de alguma coisa. Nas próximas semanas você terá de percorrer o seu apartamento e eliminar objetos inúteis e sem importância, mas começará agora o seu processo de desapego, tentando se desfazer de um objeto apenas.

Escolha um objeto (quanto maior melhor) de que você não precise ou não use mais, mas que ainda tenha certo valor, e tire-o do seu apartamento. Doe esse objeto para alguém ou coloque-o na lixeira do seu prédio, onde alguém possa vê-lo e levá-lo se quiser. O importante não é que ele seja pego, mas que seja colocado num lugar visível, pois assim você estará dando a entender que esse objeto ainda tem valor e representa uma oferenda que você está fazendo ao mundo em troca da saúde da sua casa.

Esse simples gesto pode ser um dos mais difíceis a princípio. No entanto, uma vez executado, ele vai dar ao processo muito mais energia e vibração. Se você quiser repeti-lo muitas vezes durante a semana, siga o seu coração e faça muitas ligações ao Exército da Salvação ou à Legião da Boa Vontade. Contudo, esta semana você só precisa se desfazer de um objeto.

O apego excessivo às coisas é um dos hábitos mais arraigados que você vai encontrar ao longo do Tratamento. Embora os seus bens possam ser úteis, imprescindíveis, valiosos e adoráveis, o apego excessivo a eles é prejudicial e pode perturbar o equilíbrio entre o que você possui e o espaço que tem para guardá-los. Se você é uma pessoa quente, pode achar extremamente difícil se desfazer das suas coisas, mas essa atitude será uma experiência muito valiosa na sua vida e continuará fazendo parte de todo o Tratamento de Oito Semanas.

Coração

Compre flores frescas. Comprar flores frescas toda semana é um luxo pouco dispendioso que embelezará instantaneamente a sua casa e lhe dará muito mais vida. Isso também estabelecerá o hábito de prestar atenção aos detalhes e inspirará você todos os dias, ao voltar para casa.

Tão simples quanto parece, o ato de comprar flores para o seu apartamento tem um grande significado e torna a sua casa mais saudável em muitos níveis. Por serem elementos orgânicos, as flores fortalecem os ossos e contribuem para a respiração do seu apartamento, umidificando e purificando o ar. Com suas cores, seus formatos e seus aromas, elas contribuem com uma beleza viva que desperta os sentidos e revigora a nossa visão. Nada criado pelo homem se compara à obra da natureza. E, por serem efêmeras, as flores são uma dádiva de frescor e fé para nós e para a nossa casa.

As pessoas geralmente compram flores para dar de presente a alguém, mas é particularmente importante que você – more sozinho ou não – considere as flores como um presente para a sua casa. Esse é o início do costume de nutrir a sua casa e cuidar muito bem dela.

Como comprar flores será um ritual que você realizará semanalmente, escolha o dia que for mais conveniente para você e uma floricultura que ofereça boas opções. Na maioria das cidades existem muitos lugares que vendem flores a preços razoáveis, embora umas sejam mais frescas do que as outras; por isso, é melhor dar uma olhada nas floriculturas, supermercados e feiras livres do seu bairro antes de fazer a sua escolha. Um cliente me disse que ele sempre comprava flores na mesma floricultura a caminho de casa, quando vinha da sua seção semanal de psicoterapia, assim ele concentrava todas as suas terapias no mesmo dia. Outro cliente encontrou uma excelente distribuidora de flores pela Internet, que entrega flores frescas que duram mais tempo e têm mais perfume do que as vendidas na rua (embora sejam mais caras, obviamente). Seja o que for que decidir, opte sempre pelo que for mais prático para você.

Cabeça

Sente-se durante dez minutos numa parte da casa onde você nunca se sentou. Para mudar de perspectiva e perceber melhor um ambiente que incomoda ou intriga você, escolha um ponto do cômodo onde você nunca tenha se sentado ou talvez nem passado antes. Sente-se no chão ou numa cadeira durante dez minutos em silêncio, sem televisão, rádio ou música (tire o fone do gancho também).

A maioria de nós desenvolve padrões de fluxo tão fortes dentro do próprio apartamento que, passado algum tempo, quase não consegue mais percebê-los. Se não for para limpá-los, podemos nem pôr os pés em muitos cantos da nossa casa ou vê-los de outra perspectiva. A objetividade clara e bem definida com que você vê o seu apartamento no dia da mudança acaba facilmente assim que você entra com os móveis e começa a viver a sua vida.

Ao se sentar, olhe em volta do cômodo e tente imaginar como ele ficaria vazio. Lembre-se de como ele era quando você se mudou. Se não encontrar dificuldade nisso, observe de que parte do cômodo você gosta menos e imagine-se retirando toda a mobília desse lugar. Agora vá aos poucos trazendo-a de volta, deixando de fora os objetos de que não gosta. Dessa maneira, tente identificar exatamente o que o desagrada nesse ambiente. Tome nota disso na sua Lista de Mudanças (veja o modelo no Apêndice deste livro).

Os problemas geralmente parecem grandes, mas são causados por elementos muito pequenos e específicos. Isso vale tanto para a vida quanto para os cômodos de uma casa. Se você já teve uma coceira ou dor numa parte do corpo e, em vez de tocá-la, fechou os olhos e concentrou toda a sua atenção no local, descobriu muito rápido que a área em que sentia o desconforto foi ficando cada vez menor até se concentrar num único ponto. Se você continua a se concentrar nesse ponto, o incômodo logo desaparece totalmente.

Esse exercício não vai eliminar os seus problemas interiores, mas vai ajudá-lo a identificar as mudanças específicas que precisa fazer e a diminuir a ansiedade com relação a um ambiente que precisa ser remodelado.

Pesquise produtos de limpeza biodegradáveis. Usamos produtos de limpeza na nossa casa todos os dias: sabão, detergente, sabão em pó para lavar a roupa, sabão em pó para a lava-louça e desinfetantes para o chão e para o banheiro. Muitos desses produtos comuns fazem mal para o meio ambiente e também para a nossa saúde. No entanto, existem agora muitos produtos à base de ingredientes naturais que também são muito eficientes.

Os produtos biodegradáveis ajudam a dar ao seu apartamento um ar mais saudável porque não deixam resíduos ou odores fortes de substâncias químicas. Eu também descobri que o uso de detergentes com aromas de ervas, em vez de limão ou outras frutas cítricas, é muito mais agradável e compatível com os aromas da cozinha. Além disso, os produtos biodegradáveis não são tóxicos e limpam tão bem quanto qualquer outro produto.

Só existe um tipo de limpeza em que os biodegradáveis deixam a desejar: clarear o esmalte de banheiras e pias amareladas. Nesse caso, eu recomendo o uso esporádico de branqueadores comuns. Tão logo surgir um produto biodegradável para substituí-lo, eu farei a troca. Outra dica: para limpar vidros, não há nada melhor do que vinagre e água.

Solução para um ambiente

Escolha um cômodo. Se você concluiu que só tem tempo e condições de mudar um cômodo de cada vez, escolha aquele em que você vai trabalhar esta semana. Você pode optar por um cômodo grande ou por um pequeno, mas o importante é que a sua escolha lhe possibilite resolver pelo menos um dos três principais problemas que você identificou durante o autodiagnóstico. Por exemplo, se você não anda dormindo muito bem, escolha o dormitório. Se você quer cozinhar com mais freqüência, opte pela cozinha. Escolha um projeto que o ajude a atingir um dos objetivos que você mencionou durante a entrevista.

Recorte fotos de ambientes de que você goste muito. Depois que escolheu o ambiente, o primeiro passo é divagar um pouco e sonhar com o que você quer. Esqueça o espaço em que você vive e visualize o que você quer. Quer morar num apartamento *clean* e moderno ou prefere um refúgio aconchegante em estilo *country*? Você quer que a sua casa seja colorida e contemporânea ou austera e quase sem móveis? Deixe sua imaginação ir além do que você já tem. Isso não vai apenas inspirar você, mas também motivá-lo a resolver problemas e lhe dar uma meta pela qual almejar.

Comece com fotos. As fotos traduzem o que está em voga em termos de design e você precisará delas para expressar o que quer, caso contrate um profissional. Enquanto você não tiver uma foto do que quer nas mãos, será impossível definir qualquer coisa que seja.

Particularmente em matéria de armários, eu acho as fotos muito úteis. As revistas com fotos de prateleiras de livros, armários de cozinha e estantes muitas vezes fazem você mudar de idéia com relação ao que queria fazer na sua casa e transmitem uma imagem clara ao profissional que executará o serviço. Assim como você pode levar uma foto de um corte de cabelo ao cabeleireiro para que ele o reproduza, a maioria dos carpinteiros e marceneiros também se baseia em fotos que os seus clientes lhes trazem.

Revistas de decoração

O primeiro recurso que você pode usar para ter inspiração é consultar revistas de decoração, ou seja, revistas relacionadas com casas em geral. Você não vai simplesmente procurar fotos de ambientes para copiar, mas que lhe inspirem idéias e sensações que você possa imitar. Se você gosta da iluminação de um ambiente, mas da cor das paredes de outro, recorte as fotos dos dois. Folheie várias revistas e recorte as fotos de todos os ambientes ou idéias de que você gostou, até conseguir ter em mãos tudo o que combina com a idéia que você tem na cabeça.

Entre as revistas que eu costumo usar com os meus clientes estão *Architectural Digest*, *Elle Décor*, *Metropolitan Home*, *Martha Stewart Living*, *Dwell* e *Oprah – At Home*, mas você também pode usar outras, que mais o agradem.

Se você nunca comprou nenhuma revista de decoração, verá que elas são bem diferentes umas das outras, portanto não deixe de folheá-las antes de comprar.

Catálogos de artigos de decoração

Os catálogos são outra boa fonte de inspiração. As idéias sugeridas pelos especialistas em estilo também podem ser úteis. Nos Estados Unidos, são várias as lojas que têm catálogos – Crate & Barrel, Pottery Barn, Williams-Sonoma Home, Hold Everything, Design Within Reach, Restoration Hardware e Ikea –, mas no Brasil você também encontra algumas, como a Tok&Stok.

Livros de decoração de interiores

Se você sonha alto, dê uma olhada nos maravilhosos livros de decoração de interiores. Eles podem ser encontrados nas livrarias e geralmente são caros livros de arte, com muitas fotos coloridas e temas específicos como decoração *country* ou estilos variados, como o *Morocco*, o *Loft Living* ou *The Green House*. Como você não vai querer recortar as fotos de livros como esses, é melhor comprar o que mais lhe agrade e marcar as páginas que o interessem.

Os seus vizinhos

Os seus vizinhos são outro excelente recurso que você pode usar. Dê uma volta por aí e veja o que os seus vizinhos estão fazendo na casa deles. Nos prédios, muitas pessoas têm apartamentos com plantas iguais e algumas das maiores inspirações dos meus clientes que queriam remodelar a casa foram os vizinhos dos outros andares ou da porta ao lado. Para registrar essas idéias, tire fotos.

Enquanto estiver procurando as fotos, tenha em mente que você está em busca de três coisas:

Cabeça: ambientes em que você possa realizar as atividades que lhe agradam
Coração: um estilo definido ou uma combinação de cores que atraiam você
Respiração: tipos de distribuição de espaço ou de armazenamento de coisas que lhe agradem

Não se preocupe se os ambientes não forem perfeitos. Circule as partes de que você gosta e combine duas ou mais fotos para conseguir a imagem de um tema geral.

Comece a criar uma "Bandeja de Estilo". Os designers profissionais gostam de reunir num mesmo lugar tudo com que estão trabalhando, e você deveria fazer o mesmo. Crie a sua Bandeja de Estilo, não só para manter o seu projeto organizado, mas também para não perder de vista o seu objetivo, quando estiver em dúvida. Providencie uma bandeja preta ou branca. Você vai usá-la para guardar todas as idéias do seu projeto. Se quiser, você também pode usar uma pasta ou um quadro magnético, o importante é que mantenha num só lugar todas as imagens que inspiram você, para que possa ver todas ao mesmo tempo.

A sua bandeja pode conter algumas fotos de ambientes bonitos, fotos de poltronas que você tenha recortado de um catálogo, idéias de iluminação, além de algumas lâminas de um mostruário de tintas. Nem todas as idéias precisam fazer parte do seu projeto final. Você pode pôr o que quiser na sua Bandeja de Estilo. Experimente combinações diferentes, brinque com as cores, estilos e texturas, até chegar na combinação certa. Não tenha pressa. Rumine um pouco as suas idéias. Deixe a imaginação solta e permita-se sonhar.

Coloque a sua Bandeja de Estilo em ação – mude os elementos de lugar e coloque-os lado a lado. Se estiver indeciso entre duas idéias, deixe ambas na Bandeja, uma de cada lado, até se decidir. Se você estiver planejando mais de um ambiente, tenha uma Bandeja para cada um deles.

Visite a sua loja de decoração favorita. Se você já tiver uma idéia do que vai fazer na sua casa, convém ir à loja para ver como o objeto é na vida real. Não há nada como tocar e ver as cores, os tecidos e os móveis pessoalmente. Quando você começar a pensar na quantia que quer desembolsar para transformar as fotos em realidade, será imprescindível que vá até a loja.

Mesmo que os preços da sua loja favorita sejam quase impraticáveis, visite-a esta semana. Tome nota mentalmente de cada um dos elementos dessa loja que corresponda aos que você achou nas suas fotos, como por exemplo, a cor das paredes, o tipo de mobiliário, a iluminação, o uso dos tecidos ou a organização criativa. Qualquer coisa que achar, acrescente à sua Bandeja de Estilo.

Se você não conhecer nenhuma loja de decoração que o agrade, pense num hotel ou num restaurante cuja decoração chame a sua atenção. Em Nova York, os ambientes mais bem decorados da cidade estão em hotéis e restaurantes e, nesses ambientes, vale tudo. Uma cliente minha, Renee, viu azulejos que ela adorou num restaurante japonês extravagante e voltou no outro dia para perguntar aos funcionários do restaurante de onde eram os azulejos. Ela descobriu, então, a loja que os vendia. Eles foram parar na Bandeja de Estilo dela e depois no projeto final do banheiro.

Calcule o seu orçamento. Estabelecer um orçamento logo de início é uma vantagem, pois você poderá ser mais objetivo consigo mesmo e com os outros com respeito a quanto pode gastar. Depois que tiver analisado as suas condições financeiras e já não tiver dúvida de quanto investirá nesse projeto, tome nota dessa quantia no alto da sua Lista de Compras (ver o Apêndice para ter um modelo da Lista de Compras).

Não seja miserável com a sua casa! Muitas pessoas extravagantes em outras áreas da vida, que não hesitam em gastar fortunas com restaurantes, carros ou roupas, são extremamente econômicas quando se trata de gastar com a própria casa. A sua casa vem em primeiro lugar; portanto, trate de poupar todo ano uma parte razoável do seu dinheiro para fazer melhorias na sua casa.

Se você é o proprietário do apartamento

Se o apartamento é seu, você estará mentalmente preparado para fazer um investimento maior na sua casa. Para fazer uma pequena modernização anual, você vai gastar pelo menos o equivalente ao que pagaria pelo aluguel de um mês, caso o seu apartamento fosse alugado. É claro que os aluguéis variam muito, dependendo do local e do padrão do apartamento, mas isso lhe dá uma idéia aproximada de quanto vai gastar, ou seja, um doze avos do custo anual do seu apartamento.

No caso de reformas maiores, como as que você tem de fazer depois que já ultrapassou a marca dos sete anos, é claro que vai gastar muito mais. Talvez gaste tanto quanto gastaria na compra de um automóvel popular. Essa estimativa quem fez foi uma cliente cujo orçamento correspondia exatamente ao valor que gastaria num carro, se tivesse um (ela não tinha, pois era nova-iorquina). A lógica aqui é que a quantia que você se dispõe a pagar num carro diz muito acerca de quem você é. Ela está estreitamente ligada ao seu estilo e ao que você geralmente pode pagar. Pensar em termos de automóveis pode ser uma boa maneira de calcular os gastos que vai ter ao se mudar para um novo apartamento ou ao fazer uma boa reforma.

Se você é inquilino

Embora o aluguel e a metragem dos apartamentos possam variar enormemente, eu recomendo que você invista pelo menos o valor de dois ou três aluguéis na sua casa, quando for se mudar. E eu não hesitaria em investir parte desse dinheiro nos ossos da casa, que costumam ser responsabilidade do proprietário. Você pode não ser o dono do apartamento, mas vai morar nele; portanto, só terá a ganhar se ele for mais confortável. Não tenha receio de pintá-lo, de transferir o fogão de lugar ou mudar os pontos de luz, caso o seu senhorio não tenha feito isso. Se você tiver um bom relacionamento com ele (isto é, se você tiver um bom poder de persuasão), talvez ele concorde em pagar metade das despesas.

Caso você tenha decidido passar pelo menos um ano no apartamento, gastar o referente a um mês de aluguel para deixá-lo em boas condições é mais do que suficiente.

Dicas para calcular o seu orçamento:

1. Considere os seus gastos como um investimento que você fará em si mesmo.
2. Faça um grande investimento a cada sete anos (a quantia que você gastaria num carro popular).
3. Faça um pequeno investimento a cada ano (o equivalente a um mês de aluguel).
4. Resolva primeiro os problemas menos dispendiosos (isto é, troque o chuveiro antes de trocar o revestimento do sofá).
5. Concentre os gastos num cômodo por vez (isto é, mobilie um cômodo, em vez de usar a mesma quantia para mobiliar parcialmente dois cômodos).

Capítulo 5

Segunda Semana: Abra Espaço

Andy me disse: "Eu sei que há um bocado de coisa aqui, mas eu não tenho outro lugar para pôr."

"Você já pensou em fazer uma boa arrumação e se livrar de alguma coisa?"

"Claro! Eu já arrumei este lugar várias vezes, mas tudo é importante! Por exemplo, esta cadeira e esta escrivaninha eram do meu avô, este baú é onde eu deixo o meu casaco de pele e as minhas roupas de esquiar. Uso a bicicleta ergométrica todos os dias e adoro os meus livros."

O novo apartamento de um dormitório de Andy era uma caixa de fósforos e não comportava todas as coisas que ele tinha. Todos os três cômodos principais estavam abarrotados de coisas e não eram bonitos nem relaxantes.

"Com a sua ajuda, eu sei que vamos conseguir achar um lugar melhor para guardar tudo", ele disse esperançoso.

Muitos clientes querem encontrar um lugar para tudo, mas, mesmo quando isso é possível, essa raramente é a melhor solução.

"Andy, vamos achar um lugar melhor para guardar as coisas, mas, à medida que formos trabalhando em cada cômodo, eu quero que você analise cada objeto e vá colocando o maior número possível na Área de Descarte."

"Área de Descarte? O que é isso?"

"Significa que vamos designar um espaço — digamos que seja aquele canto ali — para você colocar as coisas que não cabem no apartamento, que não estão servindo para nada ou que estão sobrando."

"Elas irão para o lixo?"

"Não. Tudo o que for colocado na Área de Descarte voltará a ser analisado, depois que tivermos acabado cada cômodo. Só então vamos decidir o que fazer com cada objeto. Ele pode voltar para o lugar onde estava ou pode não voltar mais."

"Para onde ele vai se decidirmos não colocá-lo de volta?"

"Para onde você achar melhor. Você pode dá-lo para alguém, vendê-lo ou guardá-lo em outro lugar, se isso realmente valer a pena."

"Você não está tentando me enganar, para que eu acabe me desfazendo de tudo, está?"

"Claro que não! Eu só quero que você veja o seu apartamento na sua melhor forma e depois decida o que vai querer manter nele."

Enquanto trabalhávamos na sala de estar, Andy estava meio receoso de colocar as coisas na Área de Descarte, mas, quando viu que elas continuavam ali no final do dia e que o ambiente parecia muito melhor, ele relaxou. Ali pelo terceiro dia, ele começou a mandar algumas coisas para a Área de Descarte e acelerou o ritmo das mudanças. Passou a se sentir muito mais seguro para "limpar o terreno" e abrir mais espaço. Isso não mudou o fato de que ele considerava muitos objetos da Área de Descarte importantes, mas o deixou mais confiante saber que poderia pensar neles mais tarde.

Quando finalmente acabamos de "limpar" a sala de estar, a diferença era evidente. Entre as coisas que Andy tinha colocado na Área de Descarte estava a bicicleta ergométrica, os livros e a escrivaninha e a cadeira do avô.

"Eu ainda acho que algumas dessas coisas são importantes", ele disse. "Eu só não quero conviver com elas. O que vamos fazer?"

Diante de um apartamento com aparência muito melhor e uma Área de Descarte lotada, não foi difícil decidir o que fazer com cada objeto. A bicicleta foi vendida (Andy já estava freqüentando uma academia perto de casa), a escrivaninha e a cadeira voltaram para a casa dos pais dele e o resto foi doado.

Algumas semanas depois, quando todo o apartamento já estava pronto, eu me encontrei novamente com Andy. A primeira coisa que ele me disse foi que o apartamento tinha ficado muito mais bonito depois da remodelação e decoração, mas a última coisa que ele disse revelava um certo constrangimento: "Não sei como eu conseguia viver no meio de tanta tranqueira!"

Segunda semana: Tratamento intensivo

Ossos
Faça você mesmo um conserto no apartamento.
Limpe a cozinha de cima a baixo e jogue fora todas as sobras de comida e produtos com a data de validade vencida.
Compre um filtro de água e comece a usá-lo.

Respiração
Passe as mãos em todas as paredes do apartamento.
Reserve um espaço para ser a Área de Descarte.
Limpe uma superfície e use a Área de Descarte.

Coração
Compre flores frescas.
Defina o seu estilo.

Cabeça
Procure uma receita nova e prepare uma refeição em casa.
Escolha a data da sua festa de inauguração.

Segunda semana: Solução para um ambiente

Decida quais atividades você quer realizar na sua casa e defina a função de cada cômodo.
Compre, empreste ou procure na Internet um simulador de ambientes.

Analise minuciosamente o ambiente que mais incomoda você e procure uma solução para ele.
Dê um nome ao resultado que quer obter.
Faça uma Lista de Compras.

Tratamento intensivo

Ossos

Faça você mesmo um conserto no apartamento. Com a Lista de Consertos na mão, escolha algo que esteja precisando de conserto e que você possa "recuperar" pessoalmente. Não escolha nada que exija um especialista ou uma habilidade que você simplesmente não tem. Há muitos consertos que só requerem que você cole, costure ou parafuse algo, e é esse tipo de conserto que você deve escolher.

Capriche. O importante aqui não é apenas fazer o conserto; é colocar a sua energia nos ossos da casa. A participação é como uma descarga elétrica e, quando você reserva um tempinho para dar atenção a uma pequena parte da sua casa e consertá-la, ela se revitaliza.

Limpe a cozinha de cima a baixo e jogue fora todas as sobras de comida e produtos com a data de validade vencida. Essa pode não ser uma tarefa muito fácil, por isso reserve todo um fim de semana ou divida-a em várias noites.

1. Limpe todas as superfícies, por dentro e por fora, com um bom limpador biodegradável
   a. Balcão
   b. Gabinetes

c. Geladeira
d. Chão (se for preciso limpar mais uma vez)
e. Fogão
f. Outros

Retire o forro dos armários (se eles forem forrados), limpe-os e volte a colocá-los. Com a limpeza e a arrumação dos armários, você pode reencontrar garrafas, jarros e caixas que não vê há muito tempo.

2. Jogue fora todos os alimentos e temperos
a. com o prazo de validade vencido
b. que você não utiliza há mais de um ano
c. acondicionados em embalagens quase vazias
d. de aparência duvidosa

Organize os armários e jogue fora as sobras de comida. Os alimentos que você guarda na cozinha devem estar frescos e ser substituídos freqüentemente.

Por causa da grande quantidade de comida congelada e industrializada que existe hoje em dia e da nossa tendência para comprar demais, há muito mais comida na maioria das cozinhas do que podemos consumir. Eu descobri que certos itens, como os enlatados, os temperos, os alimentos desidratados e os molhos, às vezes ficam nas prateleiras da cozinha durante muitos anos e só vão para o lixo quando o dono se muda para outra casa. Faça uma boa arrumação na sua cozinha. Se o alimento estiver velho, jogue-o fora; se a embalagem estiver fechada, mas ele estiver no armário há muito tempo, procure alguém que o queira. Procure reduzir o estoque de comida em pelo menos 25%.

3. Tire dos armários todas as xícaras, copos e pratos
a. lascados, manchados ou fora do jogo

b. que quase não são usados ou são numerosos demais

Muitas pessoas têm um aparelho de jantar para uso diário e outro para ocasiões especiais. O de uso diário com o tempo vai se quebrando e as peças que sobram acabam ocupando um espaço precioso nos seus armários, junto com os *tupperware*, os pauzinhos de restaurantes japoneses e as canecas avulsas. Elimine tudo isso. O seu objetivo é manter no armário um aparelho para o dia-a-dia (de oito a dez peças ou menos, no caso de apartamentos pequenos) e nada mais (guarde apenas um aparelho mais sofisticado, se você tiver um).

Caso você constate que tem poucos pratos ou copos, anote na Lista de Consertos que você precisa substituí-los. Se todas as peças nos seus armários são avulsas, dê de presente a si mesmo um novo aparelho para uso diário. Existem alguns que não são caros e vão deixar a sua cozinha muito mais bonita.

4. Elimine as panelas que você não usa

Compre um filtro de água e comece a usá-lo. Embora em algumas cidades a água da torneira seja potável, ela nunca é ideal para o consumo humano. Por causa do grande percurso que ela tem de fazer até a sua casa, depois de passar por quilômetros de tubulações nos subterrâneos da cidade, a qualidade da água se deteriora muito. De acordo com o livro do dr. Andrew Weil *Eight Weeks to Optimum Health*, a água de torneira contém cloro e às vezes é contaminada com substâncias cancerígenas como arsênico, rádon e trialometanos. Microorganismos comuns como os protozoários criptosporídio e giárdia também são muito comuns na água de torneira. O dr. Weil explica com eloqüência e profundidade quais são as condições da água não só nas cidades, mas também no campo. Uma solução seria comprar um filtro, de preferência que pudesse ser instalado na própria torneira da pia.

Faz anos que eu uso um da marca *Brita* e outro da marca *PUR* que pode ser instalado na torneira, e estou muito satisfeito com ambos. Eles são fáceis de usar e tem um preço acessível, além de melhorarem o gosto da água, quando tomada pura ou usada para fazer café ou chá.

Respiração

Passe as mãos por todas as paredes do apartamento. Essa é uma brincadeira divertida que as pessoas nunca fazem. A menos que você já tenha pintado o apartamento, eu aposto que nunca tocou as paredes da sua própria casa e, mesmo que já tenha feito isso, provavelmente não foi com as mãos. Afaste os móveis da parede e comece a andar devagar pela casa, começando pela porta da frente. Procure sentir as paredes com as mãos.

Esse é um exercício de observação que o ajudará a estabelecer um contato íntimo com os ossos do seu apartamento. Imagine que as suas mãos estão tocando o dorso de uma gigantesca baleia e, à medida que a percorre, você sente a pele vibrante e viva de uma criatura muito maior do que você. Essa é a sua casa.

Essa prática pode levar até meia hora e lhe mostrará muitas coisas que você ainda não sabe sobre a sua casa: a temperatura das paredes; os pontos onde há vazamentos, onde elas estão sujas, onde são rebocadas ou são de gesso (as paredes rebocadas geralmente são mais sólidas e frias, e as de gesso são ocas e cálidas). Quando você conhece melhor a estrutura física da sua casa, é mais fácil identificar o que pode fazer para melhorá-la e ter mais idéias para decorar cada ambiente.

Você deve se lembrar de Diana, que eu já mencionei. Ela foi uma das clientes que se queixou de que o apartamento era frio. Depois da nossa entrevista, eu percorri o apartamento e senti as paredes. Na sala de estar, as paredes eram geladas. Quando eu mencionei isso, Diana admitiu que costumava deixar as janelas abertas durante o dia, enquanto estava fora, para eliminar o cheiro de cigarro. Para solucionar o problema, compramos um purificador de ar de boa qualidade e combinamos que ela deixaria as janelas fechadas. Eu nunca teria feito essa sugestão se não tivesse tocado as paredes do apartamento.

Reserve um espaço para ser a Área de Descarte. Ela é a sua aliada no processo de eliminar a bagunça da sua casa. A idéia funciona porque utiliza um método em duas etapas que lhe dá tempo para pensar se precisa realmente de um objeto, sem precisar se desfazer dele imediatamente.

A maioria dos especialistas em arrumação da casa vai lhe dizer para organizar as suas coisas e se livrar do que não usa mais, reciclando ou doando para alguém. Essa é a maneira como a primeira geração desses profissionais encara a arrumação da bagunça. Ela focaliza principalmente a tarefa de identificar os objetos que serão imediatamente descartados. O problema desse método é que ele não leva em consideração duas dificuldades: como identificar o que será descartado e como se desapegar desses objetos. A ansiedade que isso provoca é um problema muito maior.

Quando as pessoas precisam tomar decisões que causam ansiedade – que destino dar ao objeto descartado (o valor que ele tem para o mundo) e até que ponto elas estão preparadas para descartá-lo (o valor que ele tem para o dono) –, elas costumam ficar num impasse e acabam não se desfazendo de nada. A segunda geração desse tipo de profissional consegue lidar melhor com esse tipo de decisão estressante. Ela primeiro cuida da separação e depois decide como descartar o objeto e que destino dar a ele.

Escolha um espaço claramente definido. Essa área deve ficar longe de onde você realiza as suas atividades diárias e deve ser um lugar que você não se incomode de deixar mal arrumado. Um armário ou o quarto de hóspedes é perfeito para isso, mas qualquer cantinho perto da porta da frente também serve. Dê a esse cantinho o nome de Área de Descarte. Essa área não é uma lixeira nem precisa ser guarnecida com nenhuma caixa de papelão. Ela é o lugar onde ficarão todas as bagunças da sua casa até que você dê um destino a elas. Você não deve ter receio de colocar nada na Área de Descarte (e para incentivá-lo, eu acrescentei ao Apêndice os dizeres que você deve afixar nesse lugar).

Depois que um objeto fica durante algum tempo na Área de Descarte, é como se ele perdesse o "domínio" que exerce sobre o dono e voltasse a ser um objeto comum, o que facilita a decisão de dar um destino a ele. Um cliente meu comparou isso ao que as crianças sentem quando ficam fascinadas com uma pedrinha submersa. Depois que a pedrinha seca e perde o brilho, ela vira uma pedra comum e o fascínio das crianças desaparece.

Embora seja um conceito muito simples, a Área de Descarte já provou que é extremamente eficaz nas faxinas e arrumações habituais. Nas próximas sete semanas, comece a usar a Área de Descarte e esvaziá-la no final de cada semana. Eis as regras básicas:

1. Qualquer coisa pode ir para a Área de Descarte.
2. A Área de Descarte pode ficar uma bagunça.
3. Todos os objetos devem ficar na Área de Descarte por pelo menos uma semana.
4. Depois desse período, você tem três opções:
   a. Pegar de volta o objeto.
   b. Deixá-lo na Área de Descarte por mais uma semana.
   c. Transferir o resto para o lixo, para a coleta seletiva ou para a pilha de doações.

Depois que as pessoas se acostumam a se separar das suas coisas primeiro e depois descartá-las, elas tendem a encher cada vez mais a sua Área de Descarte e a arrumação passa a ficar mais rápida e fácil.

Limpe uma superfície e use a Área de Descarte. Agora é a sua primeira oportunidade de usar a Área de Descarte. Comece aos poucos, escolhendo primeiro uma superfície, que pode ser uma estante de livros, a parte de cima do guarda-roupa ou um canto da cozinha, e tente esvaziá-la ao máximo. Existem três perguntas que você deve fazer antes de colocar alguma coisa na Área de Descarte:

1. Eu uso esse objeto?
2. Eu gosto dele?
3. O meu apartamento precisa dele?

Se você responder "não" a qualquer uma dessas três perguntas, coloque o objeto na Área de Descarte. No final da semana você poderá analisar tudo o que pôs ali e ver se mudou de idéia.

Coração

Compre flores frescas. Continue comprando flores frescas para o seu apartamento esta semana. Dependendo das flores que comprar, elas podem durar até mais de uma semana. A prática de trocar a água e cortar os caules todos os dias costuma prolongar a vida das flores. Se, depois de uma semana, elas já estiverem murchando, corte um bom pedaço do caule, tire as pétalas mais velhas e coloque-as no banheiro.

Defina o seu estilo. Agora é a hora de identificar o seu estilo. Não importa se você pretende trocar os móveis da sua casa ou não; conhecer o seu estilo é sempre útil. Se você optou pela Solução para um ambiente, o objetivo aqui é deixá-lo mais focado e coerente. Se você tem uma boa noção de estilo, pode ousar um pouco mais, mas eu recomendo que opte por um dos estilos principais.

LIÇÕES BÁSICAS SOBRE ESTILO

Estilo é a combinação de formatos, padrões, texturas e cores no mobiliário, que expressa as idéias emocionais e intelectuais de um período cronológico do passado ou do presente. Por essa razão, o estilo é extremamente subjetivo, e todos nós temos as nossas preferências. Seja qual for o seu estilo preferido, tudo funcionará melhor se você se basear nele. Coerência é o objetivo. O estilo estabelece uma atmosfera e você não vai querer misturar várias atmosferas diferentes no mesmo ambiente.

Por exemplo, se você está planejando uma sala tradicional e confortável cujo ponto principal é um sofá com grandes braços arredondados, não faz sentido comprar um pufe de cor laranja numa moderna loja de decoração, mesmo que ele esteja na última moda. Seja coerente. Se você quer variedade, pode adotar outro estilo quando estiver decorando outro ambiente.

Para ter coerência, é bom conhecer o seu estilo ou saber pelo menos o nome dele. O primeiro passo é fácil: o estilo de uma pessoa é geralmente Tradicional ou Moderno. O estilo tradicional refere-se aos séculos passados, quando os móveis costumavam ser artesanais. O estilo moderno começou no século XX com o advento da produção em massa, e se define pelas suas referências ao processo industrial. Se ajudar, pense em Martha Stewart, a banqueteira e escritora norte-americana que é a segunda mulher mais rica dos Estados Unidos, como tradicional e Calvin Klein como moderno. Se você tem uma queda pelo Tradicional, provavelmente se sente atraído por um estilo associado a alguma parte do mundo. Se você pende mais para o Moderno, deve preferir um estilo que represente uma das tendências principais, desde a Segunda Guerra.

Veja aqui os estilos mais conhecidos:

1. Tradicional
   a. Inglês
   b. Francês
   c. Mundial (africano, indiano, asiático)
   d. Americano
      i. Country

ii. Colonial
iii. Shaker

2. Moderno
   a. Art Déco
   b. Bauhaus: couro alemão original e metal
   c. Moderno de meados do século: californiano e dinamarquês, compensados e casas pré-fabricadas
   d. Retro Diner: cadeiras americanas em alumínio, estilo diner dos anos 50
   e. Mod: estilo chique dos anos 60 a 70, *groovy*, curvilíneo
   f. Moderno Futurista: materiais claros, futuristas, espaciais
   g. Moderno Orgânico: rústico, natural, verde, nova influência asiática
   h. Contemporâneo: uma adaptação de todos os estilos citados. Um apanhado geral.

3. Eclético: mistura do tradicional e do moderno, o Eclético é um entrelaçamento de influências que geralmente leva a novos estilos, como, por exemplo, o FAB ou Direcional, que combina formatos tradicionais com a ousadia do Mod e as cores contrastantes da era Mod. Na época em que este livro foi escrito, esse estilo estava entrando em voga.

   De todos esses estilos, o Moderno Orgânico tem sido o mais proeminente no século XXI. Levemente eclético, tem a mesma simplicidade e formato do movimento moderno e mistura esses elementos com a simplicidade e aspecto terroso dos estilos da Ásia, da Índia e do norte da África.

> O Moderno Orgânico varia desde a madeira wengé escura dos W Hotels até o interior com paredes num tom alaranjado brilhante, com uma influência tropical. Em todos esses interiores, a simplicidade que se busca não é a industrial, mas a associada à terra.

Tendo em mente as suas preferências, procure afunilá-las até chegar a um estilo e se atenha a ele. Assim você terá mais confiança para tomar decisões acerca do que acrescentar ao ambiente e o que pode combinar com ele.

Tom, um dos meus clientes, queria finalizar um quarto de hóspedes que só tinha uma cama. Ele sabia que precisava acrescentar duas mesinhas de cabeceira, luminárias e uma cômoda, mas não sabia que estilo seria melhor adotar. Depois de fazer a sua Bandeja de Estilo, que incluía a cabeceira da cama (que já estava no quarto), ele conseguiu perceber que o seu estilo Moderno Orgânico pedia móveis de madeira escura e de linhas simples. Usando como base as fotografias da sua Bandeja de Estilo, ele conseguiu ser mais objetivo em suas excursões às lojas e achou o que queria facilmente. Depois de definir o seu estilo, ele não teve mais dúvida sobre o que combinaria mais.

Cabeça

Procure uma receita nova e prepare uma refeição em casa. Cozinhar e comer em casa são o melhor meio de manter o seu apartamento em boas condições. O hábito de fazer as refeições em casa deixa você mais atento à sua alimentação e à sua cozinha, assim como à sua sala de jantar, além de espalhar pela casa um dos aromas mais deliciosos que existem. Usar a cozinha regularmente também é uma das maneiras de mantê-la em bom estado. Quanto menos os seus utensílios de cozinha são usados, menos valor nutritivo têm os seus alimentos e menos calor a sua cozinha irradia.

Comece simplesmente encontrando uma receita que não seja muito difícil e que você goste. A seguir, eu sugiro uma receita de frango assado para você começar (é preciso temperá-lo na véspera). Escolha um dia da semana para comprar os ingredientes, cozinhar e saborear a sua refeição sozinho ou com outras pessoas. Você não precisa fazer disso um acontecimento. O objetivo aqui é fazer uma refeição simples e saudável, usando a sua cozinha. Não deixe de lavar a louça antes de se retirar para dormir.

Frango Assado Simples

1 frango caipira, 3 dentes de alho amassados, 1 cebola pequena ralada, 1 colher de chá de manjericão, 1 colher de chá de alecrim, 1 colher de chá de casca de limão ralada, 1 colher de chá de sálvia, ½ xícara de chá de cheiro verde picado, sal e pimenta a gosto, 4 colheres de sopa de vinho tinto, 1 colher de sopa de margarina derretida, 1 colher de sopa de extrato de tomate.

1. Preaqueça o forno.
2. Lave o frango e enxugue-o por dentro e por fora, com papel-toalha. Se estiver molhado, o frango vai cozinhar em vez de assar.

3. Com os dedos, descole a pele da carne do frango, sem deixá-la romper. Em seguida misture os temperos e esfregue no frango inteiro, por dentro e por fora, até mesmo entre a pele e a carne.
4. Coloque sal e pimenta a gosto.
5. Deixe na geladeira de um dia para o outro.
6. Amarre as pernas do frango com barbante ou fio dental.
7. Misture a margarina com o extrato de tomate e unte o frango com essa mistura.
8. Coloque-o na fôrma com o peito para baixo e coloque-o no forno por vinte minutos.
9. Espete um garfo de cabo comprido na cavidade e vire o frango, tomando cuidado para não rasgar a pele.
10. Deixe que o frango continue assando até que, ao espetar uma faca na parte mais grossa, saia um caldo claro ou o termômetro registre 180° (uma hora, dependendo do tamanho da ave).

Essa receita serve quatro pessoas.

Escolha a data da sua festa de inauguração. Embora você esteja no início do Tratamento, este é o momento de escolher uma data para inaugurar a sua casa, passadas as oito semanas, e pensar nas pessoas que gostaria de convidar. É importante planejar tudo isso com antecedência. Você precisa ser realista com respeito à data quando consultar o calendário. Convém reservar uma data o quanto antes, para que você tenha um prazo para terminar a reforma. O fato de fazer uma festa e convidar os seus amigos para testemunhar o que você fez não servirá apenas para lhe dar o merecido crédito pelas melhorias na casa, mas também garantirá que você conclua o que planejou.

Quanto à melhor data, eu recomendo uma quinta ou sexta-feira, caso opte por um coquetel, ou uma sexta ou um sábado, caso planeje um jantar. Não faça a festa no domingo à noite, pois nesse dia as pessoas geralmente preferem ficar em casa.

Solução para um ambiente

Decida quais atividades você quer realizar na sua casa e defina a função de cada cômodo.

No seu autodiagnóstico, você respondeu se havia espaço na sua casa para tudo o que você gostaria de fazer ali. Dê uma olhada na sua resposta agora. Esse exercício vai ajudá-lo a enfocar qualquer questão relacionada com o ambiente com que está trabalhando e lhe dará um panorama geral da casa. Em outra folha de papel, anote os ambientes que você tem no seu apartamento.

1. Hall de entrada
2. Cozinha
3. Sala de estar
4. Dormitório
5. Banheiro

Agora, em outra coluna, anote quais os ambientes que você gostaria de ter na sua casa. A sua lista pode ficar mais ou menos assim:

Tenho	***Quero***
Hall de entrada	Hall de entrada
Cozinha	Cozinha
Sala de estar	Sala de estar
Sala de jantar	Sala de jantar
Dormitório	Dormitório
Banheiro	Banheiro
	Escritório

Se a lista dos ambientes que você tem bater com a lista de ambientes que você quer, ótimo! Mas muitas pessoas gostariam de ter mais ambientes do que de fato têm. Você precisa decidir que lugar da casa você pode usar para acomodar essa área adicional que você quer.

Consultando a coluna da esquerda, analise quais dos ambientes você poderia usar para fazer o seu escritório e trace uma linha ligando os dois, como abaixo:

Tenho	***Quero***
Hall de entrada ——	Hall de entrada
Cozinha ——	Cozinha
Sala de estar ——	Sala de estar
Sala de jantar ——	Sala de jantar
Quarto ——	Quarto
Banheiro ——	Banheiro
(Sala de estar) \	Escritório

Neste exemplo, você decidiu colocar o escritório na sala de estar. Se o espaço for pequeno, talvez você tenha de improvisar ou abrir mão de alguma coisa. Por exemplo, talvez você chegue à conclusão de que é mais importante ter um escritório do que uma sala de jantar.

O objetivo desse exercício é determinar uma função bem definida para cada ambiente. Eu tenho clientes que costumam usar a sala de jantar como escritório e raramente usam outro cômodo que seria muito mais apropriado para esse tipo de atividade. O que adianta ter dois espaços usados como escritório e viver com a mesa de jantar abarrotada de papéis? Eles teriam que se comprometer a usar só o cômodo designado para o escritório ou transformar a sala de jantar num local de trabalho mais funcional e abrir mão da mesa de jantar. Geralmente eles preferem abrir mão da sala de jantar, pois já estão acostumados a jantar na sala de estar e estão satisfeitos com essa situação. Quando você só tem um espaço limitado a seu dispor, não precisa se prender a tradições. Só precisa usar cada cômodo de um modo claro e prático.

Eis aqui algumas dicas de como designar a função de cada ambiente:

1. É essencial ter um hall de entrada ou um espaço com a mesma função, por isso trate de arrumar um, caso não tenha.
2. Evite montar o escritório (computador, etc.) no seu dormitório.
3. Depois que definir a função de um ambiente, leve para lá tudo que se relacionar a essa atividade.

Essa última dica é especialmente importante, pois algumas pessoas deixam livros e papéis espalhados pela casa toda. Isso torna nebulosa a fronteira entre os ambientes e dá margem a mais desordem. Restrinja a função de cada ambiente.

Compre, empreste ou procure na Internet um simulador de ambientes.

Se você precisa mudar ou planejar a decoração de um ambiente desde a etapa zero, trate de arrumar um simulador de ambientes esta semana. Você pode fazer uma planta baixa manualmente, usando papel e lápis, ou pode fazê-la usando sofisticados programas de computador.

Se você está planejando um espaço muito particular da sua casa, convém assumir uma postura objetiva e analisar os problemas e as soluções sem se deixar envolver pelas emoções relacionadas a cada cômodo. Assim como um profissional usa as ferramentas que tem à mão para considerar as possibilidades antes de executá-las, o uso de uma planta baixa é extremamente útil para você testar diferentes opções sem ter de tirar nada do lugar.

O jeito mais simples de fazer uma planta baixa é usar papel quadriculado. Desenhar as paredes externas do cômodo para definir a escala do desenho é o primeiro passo. Depois disso você pode ou desenhar os móveis num outro papel e recortá-los um a um ou simplesmente desenhá-los no papel quadriculado, sem calcar muito o lápis. Caso decida desenhar a mobília em outro papel para recortá-la depois, convém usar um papel de outra cor, para que ela se sobressaia no papel quadriculado. Para calcular a metragem dos móveis que você ainda não tem, baseie-se nos tamanhos padronizados de qualquer catálogo de móveis. Quando for comprar o papel quadriculado, prefira os de quadrados maiores, pois é mais fácil trabalhar com eles.

Se você gosta de computadores, procure nas lojas um programa para fazer plantas baixas. O programa *Visio*, da Microsoft (www.visio.com) e o *Smart Draw* (www.smartdraw.com) são ambos simples e têm versões gratuitas (em inglês) que você pode testar por trinta dias. Saiba, no entanto, que o Visio é extremamente caro (500 dólares), enquanto o Smart Draw Floor Plan Edition tem um preço mais acessível (menos de 200 dólares).

A vantagem de usar esses programas é que você pode imprimir várias cópias da sua planta baixa e analisar diferentes opções ao mesmo tempo. Além disso, você pode exportá-la para outros documentos e mandá-la por e-mail em segundos. Isso pode ser útil caso você esteja decorando o seu apartamento com a ajuda de outra pessoa.

Analise minuciosamente o ambiente que mais incomoda você e procure uma solução para ele. Comece fazendo um desenho simples desse ambiente, incluindo as janelas, as portas e outras aberturas. Também não se esqueça de desenhar aparelhos como ar-condicionado ou aquecedor, muretas ou canos aparentes. Agora meça todas as paredes, janelas e portas com uma trena e anote as medidas nos devidos lugares do seu desenho. Faça o mesmo com os móveis maiores e anote as medidas em outro papel.

Agora transfira esses dados para o seu simulador de ambientes.

Em seguida, com a função desse cômodo em mente, comece a redecorar o ambiente de modo que ele passe a servir perfeitamente para o propósito que você lhe deu. Não limite a sua imaginação. Visualize a solução ideal e depois veja se consegue reproduzi-la na sua planta baixa. Analise cada cômodo como se estivesse começando a decorá-lo do zero e não tivesse nenhuma limitação.

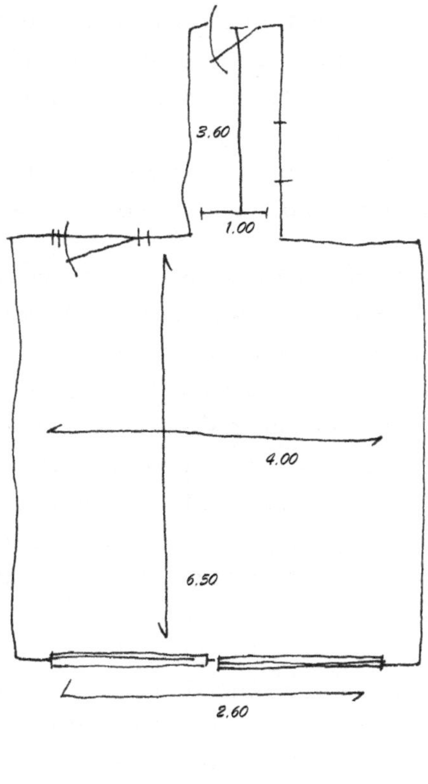
3.60
1.00
4.00
6.50
2.60

EVITE A SÍNDROME DA SALA DE CINEMA E DA CANCHA DE BOLICHE

Síndrome da sala de cinema

As salas de estar geralmente são os cômodos que têm o pior fluxo. Como a maioria das pessoas assiste à TV na sala de estar, geralmente o sofá fica encostado numa parede e a televisão na outra, deixando um grande corredor no meio. Muitas vezes também há uma poltrona voltada para a TV e uma mesinha de centro no meio, na qual as pessoas geralmente apóiam os pés enquanto vêem TV.

Essa é a síndrome da "sala de cinema". Num cinema de verdade, a intenção é que todo mundo se volte para a tela e fique em silêncio. Numa sala de estar, a intenção é que as pessoas fiquem de frente umas para as outras e conversem. A sala de estar é o centro social da casa e, não importa onde a televisão esteja, é muito importante que

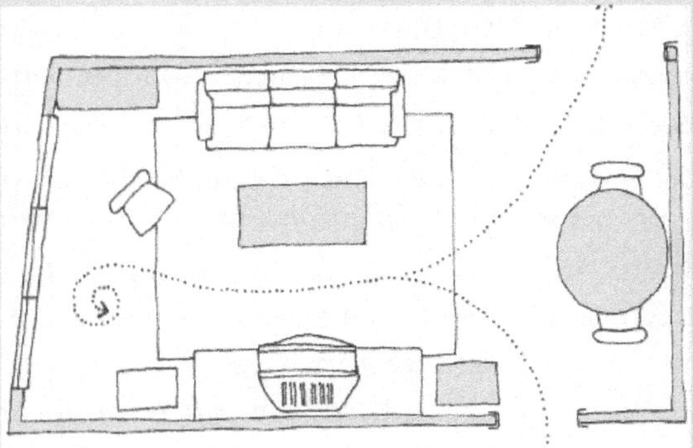

haja pelo menos três lugares para que as pessoas se sentem em círculo. Isso permite que elas conversem e impede um fluxo em linha reta no meio do cômodo.

Síndrome da cancha de boliche

Outro problema é a tendência de encostar toda a mobília na parede. Isso cria um efeito "cancha de boliche" e provoca um fluxo rápido no centro da sala e um espaço estagnado do lado em que os móveis estão.

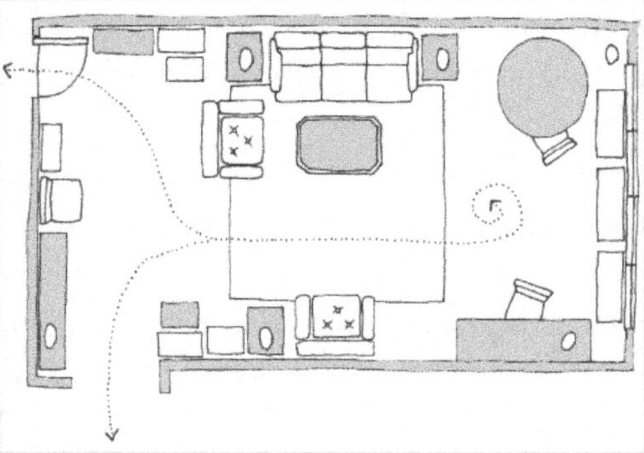

Eis um bom teste para você saber se enfrenta esses problemas: sem tirar nenhum móvel do lugar, observe se existe algum canto da sala onde você não consiga passar o aspirador de pó. Embora alguns móveis grandes como o sofá, uma estante e um *rack* possam ficar encostados na parede (embora nem sempre), as mesinhas laterais, as cadeiras, os abajures com pé e outros móveis têm de ficar a pelo menos 30 centímetros da parede, para que haja um colchão de ar em torno deles e um bom fluxo de energia.

A sala de estar de Margaret vira um escritório

Margaret, uma agente literária que trabalhava em casa, tinha um lindo apartamento de dois dormitórios. O seu negócio estava se expandindo e ocupando cada vez mais espaço na casa. Além de ter centenas de livros, ela também estava pensando em contratar uma assistente e precisava de mais espaço para isso. O espaço, no entanto, era restrito e o único cômodo que comportava um novo escritório, um pouco maior, e todos os seus livros era o principal, que na época era usado como sala de estar e sala de jantar. Quando analisamos esse cômodo no papel, vimos que ele era grande o bastante para comportar muitas atividades.

Ao perceber o quanto essa mudança era importante para os seus negócios, Margaret decidiu que a sala de estar podia ser eliminada e a sala de jantar, reduzida. Ambiciosa, ela imaginava um enorme balcão tomando todo um lado do cômodo e muitas prateleiras para acomodar todos os seus livros

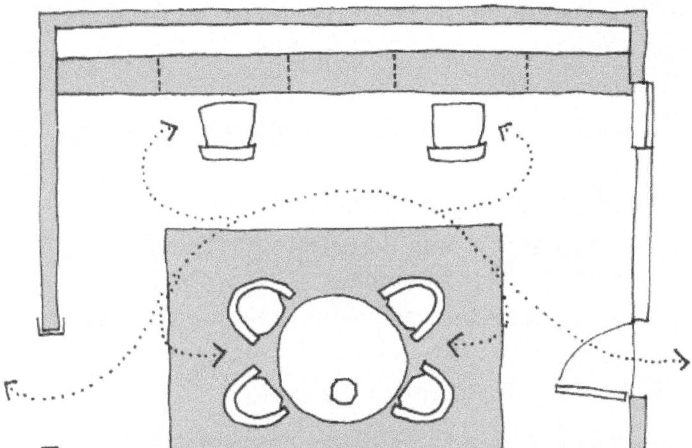

e documentos. Com as pastas guardadas embaixo do balcão, haveria espaço suficiente para ela e a assistente trabalharem e todo o ambiente teria um ar mais profissional. Tudo isso foi desenhado numa planta baixa. Com a planta na mão, foi muito mais fácil ver o que teria de ser retirado da sala e determinar as medidas dos móveis que ela acrescentaria.

Quando você analisar o seu ambiente, tenha em mente as regras a seguir ao considerar a distribuição dos móveis:

1. Os móveis ficam mais funcionais quando centralizados no meio do cômodo.
2. Sofás e camas ficam mais funcionais quando têm uma mesinha e um abajur de cada lado.
3. Os tapetes devem ser grandes o suficiente para quase encostar nos pés dos móveis ou ficar debaixo deles, exatamente entre os pés da frente e os de trás.
4. Mantenha um bom fluxo no ambiente deixando espaço suficiente para que a energia flua entre os móveis em todas as direções.
5. Os pés das camas devem ficar voltados para a porta do cômodo.
6. Os aparelhos de TV e outros aparelhos eletrônicos devem ficar encostados na parede menos visível da sala, quando vista da porta de entrada.
7. Desencoste o sofá da parede sempre que possível.
8. Não bloqueie as janelas.
9. A sala de estar deve ter no mínimo três assentos separados.
10. Procure não bloquear os cantos.

Quando você achar que conseguiu a disposição perfeita para a mobília de um cômodo, dê alguns passos para trás e contemple o ambiente. O design deve ser descomplicado a ponto de permitir que, ao entrar no cômodo, qualquer estranho possa perceber imediatamente para que ele é usado. A disposição dos móveis deve possibilitar a liberdade de movimentos, permitindo o livre acesso a todas as áreas do cômodo. Também convém que o ambiente tenha uma aparência confortável e seja fácil de limpar.

Dê um nome ao resultado que quer obter. Esta semana, use a sua Bandeja de Estilo para encontrar idéias que possam ajudá-lo a deixar o seu ambiente do jeito que você quer. Se precisar de mais fotos ou informações, essa é a hora de buscá-las. Se você tiver muitas soluções diferentes para a mesma questão, procure se decidir por uma delas.

Diante de todo o material que você reuniu na Bandeja, encontre três palavras que definam o espaço que você quer. É assim que você descreve o resultado que quer obter. Você pode usar qualquer tipo de palavra, o importante é que elas descrevam o estilo e a "sensação" que você está buscando. Por exemplo, um cliente meu escolheu as palavras "aconchegante, escultural, convidativo". Outro preferiu "marcante, *cool*, divertido". Uma terceira disse que queria um "oásis exótico". Anote na sua Lista de Compras (Ver Apêndice) as três palavras que escolher.

MUDANDO A MÍDIA E OS TELEFONES DE LUGAR

Nos ambientes em que há uma televisão, um computador ou um telefone, as pessoas geralmente não encontram muitas alternativas quando querem mudar a disposição dos móveis, pois nunca pensam na possibilidade de mudar os cabos e a fiação. Mas essa possibilidade existe e nada as impede de encontrar o lugar certo para esses aparelhos eletrônicos, pois mudar a localização de cabos e fios é uma das coisas mais fáceis que existem.

Se a sua televisão é a cabo, saiba que a companhia de TV a cabo geralmente leva de três a quatro dias para enviar um funcionário que mude a fiação; se você quiser economizar ou entende do assunto, pode fazer isso sozinho. Os cabos coaxiais não passam de cabos mais grossos que você pode comprar por um preço módico em qualquer loja de materiais elétricos. É muito fácil cortá-los e emendá-los, por isso você pode muito bem dar conta deles. O cabo do telefone é mais fácil de manejar ainda, pois todas as peças se encaixam umas nas outras e você também pode comprar grandes quantidades de fio por preços baixos em qualquer loja de materiais elétricos.

O maior desafio é esconder essa fiação tão bem quanto um profissional. Para isso, no entanto, você só precisa de um grampeador para trabalhos pesados, que fixa qualquer tipo de fio à parede.

O oásis exótico de Tina

Tina tem um apartamento pequeno na cidade de Nova York e havia comprado, pouco tempo antes, outro de dois dormitórios na Flórida, onde ela passava férias em alguns períodos do ano. O apartamento de Nova York, portanto, não era a sua residência em tempo integral, mas ela queria que ele se transformasse num luxuoso refúgio, quando ela estivesse trabalhando em Nova York. A Bandeja de Estilo de Tina estava cheia de fotografias de ambientes do norte da África, saturados de cores quentes e com um ar exótico e tropical. Enquanto isso, o apartamento dela era negligenciado, com duas camas de solteiro num canto e um grande aparelho de ar-condicionado no meio da sala, que ela costumava usar como mesa de centro. Só havia indícios do seu gosto pelo exótico nos pequenos detalhes — nas luminárias e na grande tela de madeira escura que ela havia colocado numa parede. Tina descreveu seu apartamento como um lugar "desorganizado, confuso e pouco limpo: ele me deixa ansiosa". Mas ela queria que ele fosse "tranqüilo, agradável, sereno: como um oásis exótico, um refúgio".

A imagem que Tina fazia de um apartamento ideal pedia uma pintura e cortinas que criassem um clima étnico e servissem como uma divisória entre os cômodos. A melhor maneira de conseguir o refúgio confortável que ela tanto queria era investir numa cama maior e transformar a sala num quarto luxuoso. Apesar de toda ansiedade da minha cliente, a Bandeja de Estilo dela revelava o efeito poderoso e excitante que ela queria imprimir ao ambiente. Tudo o que ela precisava estava naquela coleção de fotos, cheia de idéias de cores, tecidos e luminárias.

Compare a sua Bandeja de Estilo com o ambiente da sua casa que você quer mudar. As fotos se parecem com o que você já tem ou são totalmente diferentes? Elas indicam que você precisa só de uma leve remodelação ou de uma transformação total? Caso se trate de uma mudança no estilo, isso exige que você troque os móveis ou apenas os tecidos e a pintura?

A maioria das pessoas não costuma mudar de estilo, apenas enfatizá-lo. As bandejas de estilo permitem que você dê asas à imaginação e defina o seu estilo sem engano. Depois que tiver feito isso, você só precisará substituir algumas coisas e adaptar o que você já tem, para ver o seu sonho concretizado.

Agora é hora de escolher ou definir melhor o seu estilo, caso não tenha feito isso ainda. Para tanto, basta seguir as instruções apresentadas na seção de Tratamento Intensivo para esta semana. Quando já tiver definido o seu estilo, escreva o nome dele no alto da Lista de Compras.

Faça uma Lista de Compras. Agora é hora de fazer a sua Lista de Compras com base na planta baixa e nas idéias da sua Bandeja de Estilo. Leve o cômodo todo em consideração, anotando tudo o que você precisa comprar, inclusive móveis, luminárias, tintas, cortinas, objetos de decoração, etc. Se precisar contratar um profissional para executar algum serviço, anote isso também.

O fato de tomar nota de tudo o que precisa comprar ou contratar e depois fazer uma cotação de cada item ajudará você a manter os gastos sob controle, sem sair do seu orçamento. Eis um exemplo:

A lista de compras de Amy

Amy e eu passamos quase um mês orçando tudo o que precisaríamos para a reforma do seu banheiro e para comprar as prateleiras que ela queria pôr na sala de estar. Ela estava muito preocupada com todas as mudanças que tinha pela frente e com quanto ia gastar. Tinha receio de gastar demais e admitiu que era "neurótica" com relação a dinheiro. Amy trabalhava em casa e a quantia que ela achava que ia gastar, em torno de 15 mil dólares, era alta demais para ela. A maior parte viria de um empréstimo bancário.

As inseguranças de Amy eram em parte causadas pela sua falta de concentração e organização. Se ela não tinha certeza de algo, em vez de procurar uma definição, ela tendia a se dispersar. A Lista de Compras ajudou-a a manter a calma, e o fato de conseguir manter o controle acabou influindo na personalidade dela. Depois de orçar tudo o que ela queria, conseguimos definir a quantia que teria de gastar para pôr em prática todo o projeto. Essa quantia estava fora do orçamento dela; no entanto, agora eu sabia o que poderíamos cortar para viabilizar o projeto.

Gastando apenas uma fração do seu orçamento, ela havia conseguido uma coisa muito importante: informação. Ironicamente, Amy não queria abrir mão de nada do projeto, por isso ela resolveu esperar mais seis meses, economizar algum dinheiro e realizá-lo integralmente. Como ela veio a perceber, o fato de ter todas essas informações à mão possibilitou que atingisse os seus objetivos, sem deixá-la à mercê dos números fornecidos por outra pessoa.

Preços

Uma das dificuldades de se planejar uma reforma é não ter idéia dos preços. Pode ser extremamente arriscado começar uma reforma sem saber quanto ela vai custar, por isso reserve um tempo para fazer a sua Lista de Compras e fazer você mesmo uma cotação.

Para ter uma idéia dos preços dos móveis, consulte o catálogo de uma loja de decoração cujo preço médio dos móveis esteja dentro do seu orçamento e use-o para fazer estimativas. Para orçar os serviços, consulte o caderno de construção de um bom jornal ou seus amigos e vizinhos.

Além do dinheiro gasto na reforma propriamente dita, eu o aconselho a reservar mais 5% para imprevistos. Estou me referindo às miudezas com que não contava, mas que precisará: pincéis, fita antiderrapante para o tapete, amortecedor de portas, etc. Reserve um espaço para esse tipo de coisa na sua Lista de Compras.

Capítulo 6

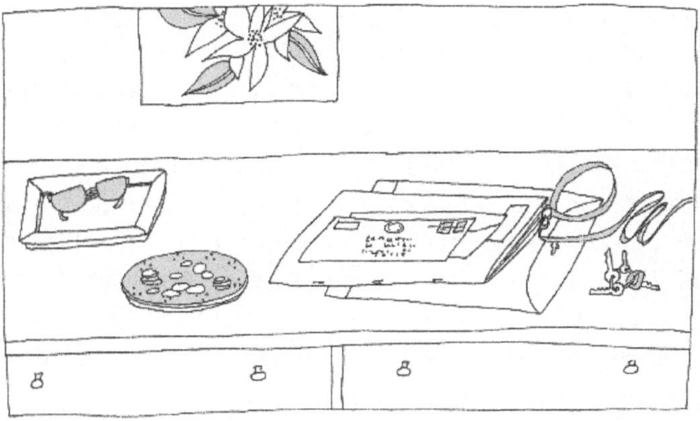

Terceira Semana: A Pista de Pouso

A primeira vez que conversei com Steven, o que ele me disse foi exatamente o seguinte: "Você pode ajudar pessoas que não têm muito bom gosto?"

Sem querer deixá-lo deprimido, eu disse que sim e perguntei qual era o problema dele.

"A minha mulher e eu nos mudamos para a cidade há um ano e ainda não conseguimos acabar de decorar o nosso apartamento. Nós simplesmente não sabemos combinar cores, tecidos, coisa nenhuma. Por isso precisamos de alguém para nos dizer o que fazer."

Depois de garantir a Steven que ele provavelmente tinha mais bom gosto do que pensava, marcamos um encontro na casa dele, onde eu conheceria a sua esposa, Anne, e o filho deles, um bebê de 6 meses de idade. Quando cheguei, Steven estava um pouco atrasado e Anne me ofereceu um drinque e me levou para conhecer a casa. Tratava-se de um belo apartamento de dois dormitórios — pouco mobiliado, talvez, mas não tão ruim quanto Steven me fizera crer. Quando ele chegou, percorremos o apartamento outra vez e o casal me deu uma idéia do que o incomodava. Eles expressavam com segurança as suas opiniões, exceto com respeito à cor e ao estilo. Eles queriam ajuda principalmente para posicionar os tapetes e escolher a cor das paredes.

"Nós gostamos deste tapete, por isso compramos três, de cores diferentes. Colocamos o mais vibrante no quarto para aquecer o ambiente. Os outros dois estão aqui na sala. O que você acha? Eles combinam?"

Os tapetes eram adoráveis, mas as cores que tinham escolhido não combinavam nem entre si nem com o ambiente em que estavam. Eu fiquei me perguntando como eles podiam saber comprar tapetes de qualidade, mas não saber se eles combinariam com a casa. No entanto, quando os entrevistei, comecei a entender por quê.

Eles não demonstraram nenhuma dificuldade para apontar as suas preferências, exceto pelo artista visual favorito. A formação e a profissão de ambos estavam muito ligadas com a matemática e as ciências. Steven trabalhava na área financeira e Anne trabalhava no departamento comercial de um grande magazine. Embora os dois fossem extremamente inteligentes e talentosos, percebi que não eram pessoas visuais nem tinham desenvolvido essa capacidade. Eles precisavam de um método fácil para pensar nas cores.

"Este tapete que escolheram é muito bonito", comentei, apontando para o tapete maior, que estava na sala. Era um tapete de listras finas e coloridas. "Estão vendo quantas cores ele tem?"

Os dois concordaram com a cabeça. Eu percebi que eles não costumavam prestar atenção nas cores, mas estavam acompanhando o meu raciocínio.

"Todas essas cores foram selecionadas por um especialista, um designer. Por isso elas combinam. Se vocês quiserem escolher qualquer outra cor para este ambiente, tudo o que têm a fazer é escolher uma cor do tapete e usá-la em outras partes do cômodo."

"Quer dizer que, se nos basearmos no tapete e nos limitarmos a estas cinco cores, não vamos errar?"

"Isso mesmo. Por exemplo, vocês podem usar este tom mais claro nas paredes, este verde mais forte no sofá e esse marrom na madeira da mesinha de centro e das laterais. Não importa o que façam, tudo vai combinar, porque essas cores foram projetadas para combinar umas com as outras."

"Então podemos usar este tapete como guia. Podemos usar outras coisas desse jeito também?"

"Claro que podem! Sempre que escolherem alguma coisa de que gostem e usarem as suas cores como guia, vocês vão acertar na mosca. Esse é um jeito simples de começar e ele funciona. Escolham um objeto bonito, estudem esse objeto e deixem que ele guie vocês em outras escolhas."

"Entendi. Então podemos usar esses três tapetes como base para escolhermos as cores desses ambientes. E a cozinha?"

"Eu gosto muito da coleção de pratos coloridos que herdei da minha mãe", disse Anne. "Podemos usá-los para escolher a cor das paredes."

Steven e Anne agora tinham uma ferramenta que poderiam usar para tomar decisões. Sem fugir da visão racional que eles tinham, o casal poderia começar a definir o seu estilo visual sem a ajuda de ninguém. Esse encontro os ajudou a esquecer a idéia de que não tinham bom gosto.

Terceira semana: Tratamento intensivo

Ossos

Passe o aspirador na casa toda, depois tire o pó e passe um pano (úmido ou seco) no chão.

Limpe a área de entrada da casa e qualquer armário que exista ali.

Providencie para que todos os consertos sejam feitos nas próximas três semanas.

Respiração

Organize a entrada da casa.

Coloque toda a correspondência, os catálogos e as revistas antigas na Área de Descarte.

Arranje algo que possa servir como "Pista de Pouso".

Cancele todas as assinaturas que não lhe interessam mais.

Coração

Identifique os cômodos quentes e os cômodos frios.

Para definir as cores, use o princípio 20-80 (também conhecido como Princípio de Pareto).

Cabeça

Prepare duas refeições em casa esta semana.

Crie o convite da sua festa de inauguração.

Terceira semana: Solução para um ambiente

- Pesquise quem são os fornecedores dos itens da sua Lista de Compras.
- Comece a preparar uma lista das mudanças que pretende fazer.
- Identifique os cômodos frios e os cômodos quentes.
- Defina se as janelas precisam de cortinas ou persianas.
- Aplique o princípio 20-80.
- Faça uma pesquisa dos profissionais de que precisa e entre em contato com eles.

Tratamento intensivo

Ossos

Passe o aspirador na casa toda, depois tire o pó e passe um pano (úmido ou seco) no chão. Faça isso em todos os cômodos e superfícies a cada duas semanas – ou uma vez por semana caso tenha crianças ou animais de estimação em casa.

Limpe a área de entrada da casa e qualquer armário que exista ali. Num certo sentido, a cozinha é o cômodo mais fácil de limpar, pois raramente os seus utensílios se espalham pelos outros cômodos, ao contrário do que acontece em outras partes da casa, que têm ligação entre si. Embora você vá arrumar o seu apartamento por partes, depois que começar a tirar coisas da cozinha, ele vai começar a ficar meio bagunçado.

Logo que entra na sua casa, você pode ver o hall, a cozinha ou a sala de jantar. Muitos apartamentos mais antigos têm hall de entrada, mas isso nem sempre acontece com os mais novos. Faça uma limpeza nessa área de entrada ou em qualquer parte do apartamento que você use para deixar o seu casaco, a sua bolsa e as moedas e outras miudezas quando chega da rua. Limpe qualquer armário que use para esse propósito, começando do alto e seguindo em direção às prateleiras mais baixas. A sua tarefa é tirar tudo o que houver dentro dele e depois passar um pano ou o aspirador ali dentro, colocando de volta só os objetos necessários.

Providencie para que todos os consertos sejam feitos nas próximas três semanas. Você já tem uma lista dos consertos que precisa providenciar e dos profissionais que precisa contratar. O que tem de fazer agora é contratar esses profissionais, de modo que todos os consertos estejam prontos em três semanas.

Respiração

Organize a entrada da casa. Quando estiver fazendo isso, lembre-se destas perguntas:

1. Eu uso esse objeto?
2. Eu gosto dele?
3. O meu apartamento precisa dele?

Tudo o que não passar nesse teste vai para a Área de Descarte, e o seu objetivo agora é mandar para lá pelo menos 25% do que você tem. Seja audacioso e congratule-se cada vez que acrescentar mais alguma coisa a essa área.

Quando for organizar as superfícies, seja seletivo e livre-se de todas as correspondências antigas, bugigangas, pilhas de moedas e chaves velhas – todas aquelas miudezas que ficam atulhando a entrada quando você entra em casa e esvazia os bolsos.

Quando for organizar o armário, livre-se dos casacos que não usa mais, dos chapéus, dos guarda-chuvas, dos sapatos, das ferramentas, dos utensílios de limpeza, dos papéis, dos engradados e das caixas vazias – todas aquelas coisas que costumamos esconder nos armários embutidos.

Coleções

Nessa altura, você deve estar pensando no que fazer com as bolsas e chapéus que fazem parte de uma coleção. As coleções são cheias de personalidade e muitas vezes exigiram um bocado de esforço da sua parte, mas elas não trazem nenhum benefício se não têm um espaço onde ficar. Eu insisto para que você tire as suas coleções do armário e deixe-as à mostra.

Se isso não é possível, coloque-a na Área de Descarte até encontrar uma parede ou uma prateleira onde possa expô-la. Se você adora a sua coleção, conserve-a e cuide bem dela; do contrário, livre-se dela.

Os bonés de beisebol de Dan

Um cliente meu, Dan, tinha um grande carinho pela sua coleção de bonés de beisebol. Dan não era nem um pouco organizado e deixava todos os bonés trancados no armário, pendurados em ganchos atrás das portas. A mulher dele, Linda, achava os bonés um aborrecimento. Eles caíam toda hora dos ganchos e Linda estava cansada de recolher bonés do chão.

Quando eu sugeri que Dan colocasse a sua coleção de bonés na Área de Descarte, ele se negou. Muitos deles tinham sido presente de um antigo chefe que ele admirava muito. Então eu sugeri que ele deixasse os bonés à mostra, pois assim poderia pelo menos apreciá-los.

"Você não vai pendurar esses bonés pelo nosso apartamento inteiro, vai?", foi a reação de Linda, igualmente negativa.

"Tudo bem", disse Dan. "Então por que não os colocamos de volta no armário, simplesmente? Damos um jeito de guardá-los lá no fundo, sei lá, eu não me importo de não vê-los; só não quero me desfazer deles."

Usando um pouco a cabeça e me aproveitando da instalação de uma luminária de que Dan precisava muito, nós conseguimos chegar a um acordo: pendurar *todos* os bonés nas paredes internas do closet de Dan, onde eles poderiam ser vistos, mas não cairiam. Dan, que nunca tinha se importado com esse lado da questão, ficou entusiasmado: "Agora temos uma bela coleção de bonés!", disse ele orgulhoso. Linda concordou e ficou particularmente satisfeita por não precisar mais apanhar bonés do chão.

Coloque toda a correspondência, os catálogos e as revistas antigas na Área de Descarte. Organize toda a sua correspondência, separando as contas e correspondências particulares em duas pilhas arrumadas. Todo o resto, inclusive cartas, catálogos e revistas velhas, deve ir para a Área de Descarte. Não importa se você já leu esse material ou não. Ele vai ficar guardado. Empilhe tudo de modo que você possa examinar mais tarde. Agora você só vai se preocupar em tirar as coisas do meio.

Arranje algo que possa servir como "Pista de Pouso". Todo mundo devia ter um método para separar a correspondência útil de todo o material inútil que o mundo tende a empurrar nossa casa adentro. Para ser mais eficiente, essa separação do joio do trigo deve acontecer na porta, quando você tem a chance de descartá-la de imediato, sem ter de pensar duas vezes.

Para fazer isso, você precisa imaginar o hall de entrada como um grande filtro por onde passa tudo o que vem do mundo exterior. Muitas empresas fazem tudo para chamar a nossa atenção e cativar o nosso interesse. Você precisa valorizar o tempo que passa em casa e não dar atenção a qualquer coisa. Por isso, não abra correspondência inútil. Não aceite revistas e catálogos que não pediu. Com um bom filtro, muitas coisas podem chegar até a sua porta, mas não vão passar do hall de entrada, caso não o interessem.

Um bom filtro para a porta da frente deve ser composto de três partes: um capacho, um gancho e uma "Pista de Pouso". O capacho impede que a sujeira entre na sua casa. O gancho, ou um conjunto de ganchos, proporciona um lugar onde pendurar casacos, bolsas, botas, sapatos, guarda-chuvas ou a guia do cachorro. Isso impede que a sujeira da rua e a água da chuva entrem na sua casa. A Pista de Pouso é onde você vai selecionar a correspondência e deixar coisas como moedas, chaves e outras miudezas que tira do bolso no final de um longo dia.

Assim como os aviões precisam de uma longa pista para aterrissar, a sua Pista de Pouso precisa ter bastante espaço e estar sempre organizada, para receber todas as coisas que você traz para casa no final do dia.

Toda correspondência pode ser dividida em três categorias: pessoal e social, contas e finanças e compras e entretenimento. A correspondência pessoal e social é a mais importante e, em geral, a menos freqüente. Os envelopes raramente dão a impressão de que se trata de algo urgente, mas essa é a primeira correspondência que deve ser aberta. Ela se refere aos seus relacionamentos e às empresas a que você pode pertencer. Ambos merecem a sua atenção imediata. Você deve ler esse tipo de correspondência na hora em que ela chega, depois deixá-la na Pista de Pouso, dentro de uma cesta ou caixa, e respondê-la dentro de uma semana. Os convites ou calendários podem ser afixados num quadro de avisos no mesmo local e ser substituídos logo que chegarem outros novos.

A correspondência relacionada às contas e às finanças é a segunda categoria mais importante. Ela tem a ver com os seus relacionamentos financeiros com o mundo e consiste em contas, extratos bancários, boletos de cobrança, parcelas de financiamento e informes sobre empréstimos, assim como qualquer outro documento referente à sua vida financeira. A menos que você não saiba do que se trata ou esteja com as contas atrasadas, essa correspondência não precisa ser aberta imediatamente. Ela deve ficar na Pista de Pouso, dentro de uma cesta ou caixa separada, e ser aberta mensalmente.

A última categoria é a maior, mais pesada e problemática. É também a menos importante. Ela diz respeito a informações, entretenimento e compras ou até mesmo oportunidades que você tenha solicitado ou não. Essa categoria pode crescer muito rápido, por isso precisa ser examinada diariamente e colocada numa outra cesta ou caixa, perto da sua Pista de Pouso. Essa cesta ou caixa deve ser verificada toda semana. Se você perceber que tem mais de um exemplar da mesma revista, é hora de jogar um fora e abrir mais espaço.

Pense em como essas três categorias de correspondência influenciam a sua vida. Se você jogar tudo o que recebeu da primeira categoria durante um mês, será uma perda irreparável. Se fizer o mesmo com relação à segunda categoria, no mês seguinte você receberá uma notificação ou segunda via e talvez tenha um leve prejuízo. No entanto, se você jogar fora tudo o que diz respeito à terceira categoria, vai descobrir que não perdeu nada de valor pessoal ou financeiro. Você só ganhará mais tempo para dedicar à sua vida e mais espaço no seu apartamento. Então por que é tão difícil reduzir essa terceira categoria?

Catálogos, revistas e a correspondência enviada pelas empresas de marketing direto geralmente têm uma aparência chamativa e um ar de coisa importante que nos deixa com receio de jogá-los fora. Mas é exatamente isso o que você deve fazer, pela simples razão de que não vale a pena perder tempo lendo ou respondendo tudo o que mandam para a sua casa. As pessoas proativas sabem empregar o tempo em coisas que realmente interessam e evitar as demandas ocasionais dos outros.

Stephen Covey, no seu livro *The Seven Habits of Highly Effective People*, descreve uma maneira extremamente útil de dividir em categorias os tipos de atividade que ocupam o nosso dia-a-dia. Eu descobri que podemos classificar toda a correspondência que chega à nossa porta de modo semelhante:

1. Importantes e urgentes
    a. Contas atrasadas
    b. Correspondência comercial ou pessoal atrasada

2. Importantes, mas não urgentes
    a. Cartas pessoais

b. Contas
c. Correspondência comercial do governo
d. Algumas revistas e periódicos
e. Alguns anúncios de eventos

3. Não importantes, mas urgentes
   a. Cartas apresentando propostas
   b. Catálogos que você tenha comprado
   c. Revistas que você assina
   d. Anúncios de eventos

4. Nem importantes nem urgentes
   a. Todas as propagandas, catálogos, revistas e outras correspondências inúteis que disputam a sua atenção

O mais importante dessa divisão em categorias é perceber que você não precisa ler constantemente a correspondência, quando ela já pertence à primeira categoria. Para evitar isso, você precisa cuidar dela quando ainda não é tão urgente e ainda pertence à segunda categoria, ou seja, é importante, mas não é urgente. Crie esse hábito e você será muito mais feliz.

Assim que a correspondência das categorias três e quatro chega na sua casa, você deve dar um destino a ela. Jogue no lixo tudo o que pertence à categoria quatro e *seja muito seletivo* com a categoria três. Você só deve conservar as revistas e catálogos que realmente lê toda semana.

Cancele todas as assinaturas que não lhe interessam mais. Uma boa maneira de reduzir ao máximo as categorias três e quatro é cancelar as assinaturas de todos os catálogos, revistas e outras publicações que você tenha feito. Você vai descobrir que basta dar um telefonema e em menos de meia hora você vai poder respirar aliviado e se livrar de toda aquela papelada que entulhou a sua casa durante meses. À medida que for comprando coisas, você começará a fazer parte de outras listas e a receber mais propagandas e catálogos gratuitos, mas se tomar essas providências uma ou duas vezes por ano o problema ficará sob controle.

Coração

Identifique os cômodos quentes e os cômodos frios. O fluxo entre os cômodos fica muito mais dinâmico quando se usa uma cor diferente em cada ambiente. As cores frias (os azuis, verdes e cinzas) contraem e acalmam; as cores quentes (os vermelhos, amarelos e laranja) expandem e estimulam.

Como a respiração é feita de contrações (inspiração) e expansões (expirações), o ideal é que você sinta esse movimento enquanto anda pela casa. Isso acontece quando você alterna cores quentes e frias.

Certos cômodos combinam mais com cores frias e outros com cores quentes, por isso use o quadro a seguir como ponto de partida:

Área	***Movimento***	***Cor***
1. Hall de entrada	Contração	Fria
2. Cozinha	Expansão	Quente
3. Sala de jantar	Expansão	Quente
4. Sala de estar	Expansão	Quente

5. Escritório	Contração	Fria
6. Banheiro	Contração	Fria
7. Dormitório	Contração	Fria

Não importa quantos cômodos você esteja pensando em redecorar, examine cada um deles e determine se eles podem ser considerados um cômodo quente ou frio.

Se tiver optado pela Solução para um Ambiente, você estará mudando a cor do ambiente esta semana. No Tratamento Intensivo, você deverá simplesmente desenvolver a sua consciência das cores na sua casa e fazer algum ajuste pequeno que desejar. Consulte o quadro da página 147 para conhecer melhor as cores e ter mais confiança na hora de alterá-las.

Para definir as cores, use o princípio 20-80 (também conhecido como Princípio de Pareto). Use as cores fortes com moderação. Deixe que elas sejam um simples detalhe, nunca definam o ambiente. Em qualquer cômodo, eu recomendo que 80% das cores sejam neutras e 20% sejam fortes. Assim como as mulheres, ao se maquiar, usam cores neutras na maior parte do rosto e destacam os lábios e os olhos, os ambientes devem ser equilibrados da mesma maneira. Por exemplo, na sala de estar de Mike, eu sugeri branco quebrado (quente/neutro) para combinar com os sofás castanhos (quente/neutro). A sala ficaria mais quente se ele acrescentasse um tapete vermelho (quente/cor) e abajures pretos, prateados ou vermelhos (quente/cor). Pequenos toques de cor causam um efeito marcante no ambiente e dão mais destaque às cores neutras.

O apartamento de Tamara

No nosso primeiro encontro no apartamento dela, Tamara me mostrou fotos de revistas com ambientes de que ela tinha gostado. Eu perguntei se alguma daquelas fotos tinha lhe dado uma idéia da cor com que gostaria de pintar as paredes. Ela achava que não. Por um lado, ela queria que o apartamento fosse branco, "para que parecesse maior"; por outro, queria que ele fosse mais vibrante, colorido e moderno. Quando eu perguntei de que cores ela gostava mais, Tamara me mostrou uma foto em particular. Nela havia uma parede branco-brilhante, com um sofá verde-musgo, um tapete branco quebrado, uma cesta de bambu marrom e flores de cor laranja no vaso. As cores refletiam uma influência quente e tropical. Um "Orgânico Moderno", pensei.

Inspirado pela escolha dela, eu sugeri que usássemos esse grupo de cores na sala. Ela achou que eu estava sugerindo que ela pintasse as paredes de laranja, marrom e verde e não achou nenhuma graça. Eu expliquei que poderíamos usar a foto como uma "família de cores". Sugeri que tentássemos combinar as cores que já havia no apartamento dela com as da fotografia.

LIÇÕES BÁSICAS SOBRE AS CORES

Mike comprou dois belíssimos sofás marrons e um tapete azul e macio para a sala. Mas ainda faltava alguma coisa. Laura queria pintar o quarto de verde, acabou tentando três tons diferentes e ainda não estava satisfeita. Sarah não queria se arriscar, por isso pintou o apartamento inteiro com cores neutras. Depois ela decidiu pôr um toque a mais de cor, mas não sabia onde.

A cor causa um grande efeito no ambiente. Ela pode ser estimulante, terapêutica, calmante e divertida. Escolher a cor certa pode ser complicado, e depois de escolhida ela pode restringir o nosso leque de opções. Quando se pensa na quantia que a maioria das pessoas costuma gastar para decorar uma sala de estar, a idéia de comprar uma poltrona de tecido colorido pode parecer uma excentricidade. Se ela por acaso não combinar com o resto da decoração, você fica sem saber o que fazer. É por isso que a maioria das pessoas prefere não arriscar e compra tudo em cores neutras, como marrom e bege.

Para fazer boas opções com relação às cores, você precisa saber diferenciar as cores quentes das frias e saber encontrar uma família de cores.

Cores quentes e cores frias

A paleta de cores se divide entre cores quentes e cores frias. Os vermelhos, os amarelos, os laranja, os beges e os tons cremosos são quentes. Os azuis, os verdes e os cinza são frios. Se olhar uma Roda de Cores, que você talvez tenha visto quando estava na escola primária, perceberá que as cores quentes estão de um lado da Roda e as cores frias do outro. Quando elas se sobrepõem, formam outras cores, como o verde (azul +

amarelo) e o roxo (azul + vermelho). Essas cores híbridas podem ser mais quentes ou mais frias, dependendo da combinação. Por exemplo, o verde cítrico tem muito amarelo, por isso é quente, enquanto o verde-piscina tem muito azul, portanto é frio.

As cores quentes são estimulantes

O vermelho, o laranja e o amarelo são cores ígneas; elas são quentes e estimulantes. Até mesmo o branco quebrado com um toque dessas cores pode ter esse efeito. Não importa se adoramos ou detestamos essas cores, elas sempre despertam em nós uma reação emocional. É por isso que o vermelho é a cor mais usada na propaganda e a favorita de marcas-ícones como a Coca-Cola e a Ferrari, e das mulheres ao escolher um batom.

Por causa da sua natureza estimulante, as cores quentes são sociais e costumam estar presentes em restaurantes e bares. Na nossa casa, elas ficam melhor nos ambientes sociais, como a sala de estar, a sala de jantar e a cozinha.

As cores frias são calmantes

O verde, o azul e o roxo acalmam as nossas emoções e concentram os nossos pensamentos. Enquanto o nosso coração pede cores quentes, a nossa cabeça pede cores frias. Embora seja bom ter sangue quente quando se trata de amor, não é nenhuma vantagem ter a cabeça quente quando se calcula uma equação matemática. É por isso que os tons suaves de azul são os mais usados em ternos e uniformes, os contadores e bancários de antigamente usavam uma viseira verde e os jogadores dos Yanquees, um time de beisebol cujo uniforme é azul-marinho e branco, são considerados cavalheiros em comparação aos Red Sox, considerados guerreiros ferozes em seu uniforme vermelho e branco.

Por causa da sua natureza tranqüilizadora, as cores frias favorecem a nossa vida mental e são muito usadas em escolas, escritórios e hospitais. Em casa, elas ficam melhor nos cômodos mais sossegados da casa, como o dormitório, o escritório e o quarto do bebê.

Uma palavrinha sobre o preto e o branco

Embora o preto e o branco não sejam considerados cores (quando se trata de pigmentos, o branco é a ausência de cor e o preto é a combinação de todas as cores), eles têm propriedades frias e quentes: o branco é frio e o preto é quente. Quando você pinta uma sala inteira de branco, ela fica fria. Por isso os cômodos pintados de branco pedem outra cor quente ou um elemento quente para equilibrar o ambiente e deixá-lo mais confortável. Adereços pretos aquecem o ambiente, mas o excesso deles o deixa pesado; por isso essa cor deve ser usada com moderação.

Uma palavrinha sobre as cores neutras

As cores neutras são os vira-latas do mundo das cores: é fácil lidar com elas, ficam bem em qualquer lugar e não agridem ninguém, embora lhes falte uma personalidade bem definida. As cores neutras compõem um vasto leque de cores que vão do castanho-avermelhado do chocolate ao leite até os tons acinzentados mais frios, as cores rochosas e o bege claro dos brancos quebrados. Embora não sejam nem um pouco vibrantes, quando combinadas com uma cor mais forte, elas podem ficar mais estimulantes e sofisticadas.

Seja coerente ao usar as cores!

Ao idealizar a decoração da sua casa, tenha tudo isso em mente e procure decidir de antemão que tipo de efeito você quer causar em cada cômodo. Pergunte a si mesmo: este ambiente será predominantemente quente ou frio? Não pinte a cozinha de verde (frio) caso o piso seja terracota (quente) e os armários tenham puxadores dourados (quente). Não coloque um tapete azul (frio) na sala caso o sofá seja marrom (quente) e as paredes branco quebrado. Só misture cores quentes e frias se você tiver a intenção de criar um ambiente moderno ou extravagante.

O verde da foto era parecido com o do sofá. O marrom natural da cesta de bambu era parecido com o marrom natural do assoalho. Só ficaram de fora o branco quebrado e o laranja vivo. "Onde vamos pôr o laranja vivo?", ela perguntou cética. Sugeri que fosse na parede da entrada. Ela achou que ficaria exagerado.

Como ela queria um apartamento mais colorido e moderno, eu insisti para que pensasse um pouco mais nessa possibilidade. Se pintássemos a parede de laranja, mas a escurecêssemos um pouco com prateleiras, o apartamento ficaria mais vibrante e a cor da parede, não tão marcante. Tamara finalmente concordou com a idéia, depois que eu lhe assegurei de que poderia mudar a cor se realmente não gostasse.

Ela não precisou mudar. A cor aqueceu todo o apartamento e o definiu, aos olhos dos amigos dela. Nós filmamos esse projeto para o programa de TV *Mission: Organization*, e eu ainda recebo e-mails e telefonemas de pessoas que adoraram o apartamento e ainda se lembram da parede laranja. Para todo mundo que me pergunta, eu esclareço que o laranja era a cor de Tamara, não uma idéia do decorador. Ela descobriu a sua família de cores; eu só a incentivei a confiar nos seus instintos e a segui-los.

Famílias de cores

Para escolher cores, é bom saber quais delas combinam entre si. A família de cores é um conjunto de cores que ficam bem quando combinadas. Por exemplo, o vermelho, o branco e o azul da bandeira dos Estados Unidos compõem uma família de cores; qualquer coisa que você decore com essas três cores ficará muito bom. Imagine que você tenha decidido mudar o tom do azul e usar uma tonalidade mais clara. O conjunto de cores vermelho, branco a azul-claro não ficará tão bom. Você sairá dessa (patriótica) família de cores. Se substituir o azul por um verde primário, você se deparará com outra família de cores, relacionada com um país diferente. As cores têm um efeito visual marcante e as famílias de cores costumam ter um significado muito específico e provocar em nós uma sensação bem definida.

O jeito mais fácil de encontrar uma família de cores é contemplar a natureza. Por exemplo, o outono apresenta uma família de cores que inclui o marrom e o vermelho, enquanto a primavera forma a sua paleta de cores a partir dos brotos verdes de grama e dos matizes brilhantes das primeiras flores da estação. As famílias de cores podem se originar das cores de toda uma estação ou de um único elemento da natureza: uma tulipa, o musgo das pedras ou uma concha na praia. As famílias de cores também podem mudar de acordo com a parte do mundo. Por exemplo, na Índia as famílias de cores são bem diferentes das da Nova Inglaterra.

Quando Martha Stewart e suas colegas estavam criando toda uma nova linha de tintas, optaram por se inspirar nas cores da casca dos ovos de galinha Auracana – azuis suaves, brancos quebrados, verdes e cinza. Elas criaram uma coleção de tintas totalmente baseadas nessa família de cores, chamada Coleção Auracana.

Como essa coleção foi feita com base numa verdadeira família de cores, vinda diretamente da natureza, todas as cores podem ser usadas em qualquer combinação sem perder a harmonia. Na verdade, eu usei essa coleção numa casa inteira e o resultado foi uma residência em que os cômodos combinavam perfeitamente uns com os outros. Se você escolher uma cor de uma determinada família, poderá usar sem medo *qualquer* outra cor dessa família, pois os resultados serão excelentes.

Se não puder visitar uma região serrana para contemplar as cores do outono nem tiver tempo para examinar a casca do ovo de uma determinada ave, use outro método para achar uma família de cores: observe atentamente os ambientes e objetos criados pelos designers. Os catálogos e revistas de decoração publicam fotos de ambientes criados com base em famílias de cores, assim como as que Tamara me mostrou. Os objetos também podem lhe inspirar uma família de cores, como o seu tapete persa favorito, um cobertor ou uma pintura.

Cabeça

Prepare duas refeições em casa esta semana. Continue a cozinhar em casa, como fez a semana passada, mas agora prepare duas refeições em vez de uma. Se quiser ousar um pouco mais, escolha uma outra receita. Use a cozinha, mantenha o fluxo de comida na geladeira e não se esqueça de lavar a louça toda noite.

Esse último conselho é muito importante. Se você tem o hábito de deixar a louça suja na pia de um dia para o outro, agora é hora de mudá-lo. Nunca deixe de lavar a louça no final do dia e deixe a pia sempre limpa e seca. Queremos melhorar o fluxo nessa área, por isso não faz sentido causar mais desordem num lugar que você está usando com mais freqüência. Além disso, como a desordem é sempre causada pelo fato de adiarmos as decisões, não adie as decisões que tem de tomar na cozinha. Crie o hábito não só de lavar a louça depois de cada refeição, mas também de tirar toda a comida velha da geladeira e de reabastecer a despensa assim que ela começar a ficar desfalcada.

Crie o convite da sua festa de inauguração. Essa é uma atividade divertida e criativa. Você pode achar que falta um século para a sua festa de inauguração, mas se quer que as pessoas reservem a data para vir à sua casa, quanto mais cedo convidá-las melhor.

Não importa se vai avisar os convidados por carta ou e-mail; reserve um tempo esta semana para redigir ou desenhar os seus convites e enviá-los. Eu tive clientes que compraram papéis de carta elaborados e redigiram convites floridos com canetas-tinteiro, e outros que mandaram cartões virtuais pelo computador. Eu recomendo a primeira opção; quanto mais pessoal for o convite melhor, mas uma simples nota escrita à mão também serve. Aproveite essa oportunidade para mostrar o seu estilo e informar os seus convidados de que você os está convidando para a festa de inauguração da sua casa, depois de concluir o Tratamento de Oito Semanas. Se eles nunca ouviram falar da Terapia do Apartamento e conhecerem bem o seu apartamento, vão ficar impressionados.

Solução para um ambiente

Pesquise quem são os fornecedores dos itens da sua Lista de Compras. Esta semana você precisa começar a procurar os itens que incluiu na sua Lista de Compras, procurando respeitar o estilo e o preço definidos anteriormente. Grande parte dessa pesquisa pode ser feita pela Internet, pois a maioria das lojas tem um site no qual exibe as suas mercadorias. Eu recomendo que você comece a pesquisa pelo computador e depois visite as lojas pessoalmente.

Comece a preparar uma Lista das Mudanças que pretende fazer. Se já não fez isso, é hora de iniciar a sua Lista de Mudanças. A essa altura, você já deve ter algumas idéias das coisas que gostaria de fazer e já deve tê-las reunido num único lugar. Reserve algum tempo para anotar as mudanças que pensou em fazer no seu ambiente. Você pode fazer uma cópia dessa Lista, incluída no Apêndice, para ter mais liberdade para trabalhar.

Identifique os cômodos frios e os cômodos quentes. Continuando o trabalho que começou na segunda semana, procure identificar se o ambiente em que pretende trabalhar é quente ou frio. Se ele for uma mistura de quente e frio, defina o que ele será daí para frente. Use a Lista de Mudanças para registrar o que será eliminado e/ou que providências terá de tomar para definir a "temperatura" do ambiente.

Defina se as janelas precisam de cortinas ou persianas. Muitos clientes têm reservas com relação a cortinas e persianas e preferem as janelas nuas quando começam o Tratamento. Uma das razões mais comuns para não cobrir as janelas é aproveitar o máximo possível a luz natural. "Eu não quero cobrir as janelas", eles dizem. "Quero luz. Ficará muito escuro se eu cobri-las." Às vezes eles não dizem isso em voz alta, mas eu sei que estão pensando, "Ele está me dizendo que eu preciso de cortinas. É uma solução típica dos decoradores; cobrir tudo de cima a baixo e encher a casa toda de babados. Será que ele não percebe que eu gosto das janelas do jeito que estão?" ou "Ele ainda não entendeu que eu gosto de contemplar a vista e as molduras das janelas. Elas têm uns detalhes bem legais e modernos. As cortinas são muito tradicionais".

Esse é um dos assuntos que mais deixam os clientes contrariados. Nell e Jack tinham um belo loft no último andar de um prédio no bairro do Soho. Dois lados inteiros do apartamento tinham janelas de dois metros e meio de altura que pegavam a parede inteira. Quando se entrava no apartamento, a vista das janelas era deslumbrante. O casal tinha me procurado para que eu os ajudasse a planejar a chegada do primeiro filho, que aconteceria dentro de um mês. Tudo ia muito bem até eu sugerir que eles pusessem cortinas nas janelas da entrada para não ofuscar os olhos do bebê. Nell gostou da idéia, mas logo ficou evidente que Jack não estava gostando nem um pouco dos rumos da conversa.

Eles tinham um loft muito caro e bonito, com detalhes arquitetônicos maravilhosos, entre eles as enormes janelas. Toda a estética era aberta, ensolarada e *clean* – tudo muito moderno. A idéia de colocar ali uma cortina não o agradava nem um pouco. Isso não era nenhuma surpresa. A maioria dos moradores das cidades com um gosto mais moderno tem uma profunda resistência a cortinas e a qualquer coisa que cubra as janelas, mas isso faz com que eles deixem de aproveitar uma das partes mais práticas e bonitas do design de interiores.

Em primeiro lugar, as cortinas dão mais destaque à beleza natural das janelas. Na maioria dos casos, elas não devem cobrir a janela, apenas emoldurá-la, para que o seu formato longilíneo atraia os olhos das pessoas para a altura da janela e passe a impressão de que elas são maiores. As cortinas modernas não correm para os lados da maneira tradicional, nem têm pregas ou franzidos como costumavam ter. Elas também não devem ser opacas, mas translúcidas, para que a luz passe através delas, criando um intercâmbio sofisticado de luz dentro de cada ambiente.

Em segundo lugar, as cortinas são um ótimo acessório de decoração para controlar o fluxo de luz através das janelas. Elas são fáceis de instalar, fáceis de tirar e fáceis de lavar. Não se pode dizer o mesmo dos quebra-luzes ou das persianas. Todos esses acessórios, no entanto, são necessários para filtrar os potentes fluxos energéticos que vêm de fora e que, do contrário, poderiam superestimular a sua casa, além de estragar os móveis.

As janelas sem nenhum tipo de cobertura podem ser atraentes e marcantes, mas na minha opinião elas se comparam a olhos sem pálpebras. As janelas são os olhos da sua casa e elas devem ter uma membrana protetora que possa abrir e fechar quando necessário.

Aplique o princípio 20-80 (também conhecido como Princípio de Pareto). A essa altura você já definiu os cômodos frios e quentes e já conhece o princípio 20-80, que imprimirá mais energia emocional ao seu apartamento (leia sobre esse princípio na seção sobre o Tratamento Intensivo desta semana). Agora é hora de pensar nas cores.

Para os apartamentos que precisam de mais cor

A maioria das pessoas tem uma casa onde falta cor. Olhe em volta do cômodo em que você está. Você está vendo cores fortes em algum lugar? Ou vê uma grande extensão de bege, branco e tons amarronzados? Alguma peça da mobília chama a atenção por causa do tom vibrante ou você está cercado de objetos em tons neutros? Se você acha que falta um pouco de cor no seu apartamento, experimente acrescentá-las usando um destes acessórios: almofadas (no sofá), abajures, tapetes, luminárias com pé, mantas, cortinas, vasos com flores, quadros ou a pintura das paredes. Você pode acrescentar quantos desses acessórios quiser, sejam de cores quentes ou frias; só tome cuidado para que não excedam 20% da sala. Tome nota das suas escolhas na sua Lista de Mudanças.

Matthew tinha uma sala de estar excelente, mas ela era toda bege e marrom. Para deixá-la mais charmosa ele acrescentou um tapete vermelho, duas almofadas de tecido acetinado no sofá e uma gravura colorida de Cuba que um amigo sugeriu. Peter, que é corretor de imóveis, decorou um apartamento que estava vendendo acrescentando simplesmente um vaso com flores frescas sobre a mesa da sala de jantar, uma cesta cheia de maçãs vermelhas sobre a mesinha de centro e uma manta colorida no sofá. Michael e Laurie enfeitaram a sala de estar com um tapete verde, dois abajures com lâmpadas de mercúrio e um tom pêssego nas paredes. As paredes do banheiro de Susan mudaram do branco para o verde-marinho, que deu muito mais destaque aos azulejos brancos. Em todos esses casos, a infusão de cores foi o suficiente para que os ambientes causassem um efeito mais emocional e chamassem mais a atenção.

Para os apartamentos que têm cores demais

Algumas pessoas têm um apartamento no qual há cores demais ou em que cores frias e quentes se contrapõem, causando um efeito negativo no nível do coração. As pessoas com esse tipo de problema geralmente não têm muito jeito para lidar com cores. Embora você não possa melhorar essa habilidade visual, alguém pode ajudá-lo a optar por cores quentes ou frias.

Quando estiver decorando um ambiente, com ou sem a ajuda de um decorador, você precisa definir o que precisa tirar dali para que ele se torne um ambiente frio ou quente e tenha só 20% de cores fortes ou vibrantes. Se tem móveis grandes com cores fortes, você pode eliminar objetos menores que constem na lista anterior. Se você tem muitos objetos pequenos coloridos, faça uma seleção e coloque o resto na Área de Descarte ou transfira-os para outros cômodos (se isso não for prejudicar a decoração desses outros ambientes). Se quiser manter um sofá ou poltrona muito colorida, pense na possibilidade de trocar o revestimento ou acrescentar uma capa.

No final desta semana, o ideal é que você já tenha acrescentado à sua Lista de Mudanças um grupo de objetos coloridos, removido certos itens de cada um dos cômodos ou anotado a sua intenção de mudar o revestimento de alguns móveis, usando cores menos chamativas.

Faça uma pesquisa dos profissionais de que precisa e entre em contato com eles. Se você não começou a fazer isso, comece agora mesmo essa pesquisa e entre em contato com esses profissionais. Não seja tímido! Saber quando e como pedir ajuda é uma arte. Embora a auto-suficiência seja uma virtude, não confunda isso com a mania de fazer *tudo* sozinho. Quanto mais ajuda você tem mais leve fica o trabalho, e a sua tarefa aqui é administrar o projeto, não necessariamente carregar todos os móveis nas costas.

Recomendo que você contrate alguém para executar a pintura, principalmente se tiver estabelecido metas muito ambiciosas com relação a essas oito semanas. Embora eu ache o trabalho de pintura extremamente relaxante e uma ótima maneira de conhecer melhor o seu apartamento, ele pode ser bem demorado caso você seja um amador. Os pintores profissionais fazem tudo com muito mais rapidez e qualidade.

Embora seja importante saber fazer as coisas por si, se confiar nas pessoas e souber escolher bem, o trabalho ficará muito melhor e a sua vida ficará muito mais rica, graças aos relacionamentos que você travará, mesmo que temporários. Quanto melhores forem os profissionais que contratar mais coisas novas eles ensinarão a você. O meu contador, Andrew, é um gênio, e eu adoro visitá-lo uma vez por ano. Ele me ajuda a entender os impostos de uma maneira que eu nunca conseguiria fazer sozinho.

Propaganda boca a boca

A propaganda boca a boca é o jeito mais fácil de encontrar bons profissionais. E uma das maiores vantagens de se morar em apartamento é o fato de que você tem muitas pessoas à sua volta, que moram em apartamentos muito parecidos com o seu e que têm os mesmos tipos de problema que você tem. Portanto, o melhor lugar para obter ajuda ou referências é dentro do seu prédio.

Se você não conseguir com o porteiro, o zelador ou os vizinhos nenhuma indicação de alguém que possa pintar a sua casa, fazer as cortinas ou assentar o piso do banheiro, consulte lojas de materiais de construção, imobiliárias ou o jornal do seu bairro.

A maioria das casas de materiais elétricos, de materiais de construção ou de cozinhas tem os seus próprios profissionais ou uma lista de prestadores de serviço que possam recomendar. Se nada disso funcionar, recorra às páginas amarelas ou converse com algum funcionário desses tipos de loja. Isso costuma dar certo.

O objetivo aqui é conseguir uma ou duas indicações de profissionais que você esteja procurando. Você pode ligar para eles depois e marcar uma visita no seu apartamento, para esclarecer melhor o tipo de serviço de que você precisa. Seja sincero, minucioso e depois observe a reação deles. Eis as informações que você precisa obter desses profissionais:

1. Eles podem dar conta do serviço?
2. Como ele será executado?
3. Quando eles estarão disponíveis?
4. Quanto eles calculam que o serviço custará?
5. O que eles esperam que você faça para ajudar?

Obviamente, no caso de trabalhos maiores, a etapa de negociação é mais demorada, mas, mesmo em serviços menores, a sinceridade e transparência ajudam o relacionamento a ser muito mais harmonioso.

A escolha do profissional certo é tanto uma questão de intuição quanto de preço, e por isso você precisa saber se comunicar muito bem com a pessoa que pretende contratar. Eis aqui algumas questões que você precisa considerar:

1. Não se deixe seduzir pela melhor oferta. (Esse é um conselho batido, mas que funciona.)
2. Escolha um profissional de visão, que consiga prever os problemas que poderão surgir no andamento da obra e conversar sobre eles.
3. Procure alguém que saiba solucionar problemas.
4. Escolha alguém que realmente queira fazer o serviço, não que esteja apenas lhe fazendo um favor.
5. Procure alguém que poderá se dedicar integralmente ao seu serviço, sem ficar o tempo todo procurando outros clientes.

6. Opte por alguém que costume ser pontual.
7. Escolha alguém que não tenha pressa em ir embora.

É especialmente importante conseguir o profissional certo quando se trata de um serviço grande, pois costuma haver mais imprevistos nesse caso. É muito comum surgirem surpresas e complicações que atrasam todo o cronograma e tiram você do sério. Isso é inevitável. Você não pode prever todos os contratempos que podem surgir na reforma da sua cozinha e será obrigado a improvisar soluções para problemas que possam estourar o seu orçamento ou o prazo de entrega. Quando isso acontece, é muito melhor ter ao lado um profissional com quem você possa conversar e encontrar soluções.

Descobri por experiência própria que a maioria dos prestadores de serviço quer fazer um bom trabalho e alguns deles ganham fortunas fazendo isso. É evidente que eles querem ganhar dinheiro, mas a melhor maneira de conseguir isso é ser honesto com os clientes, terminar o serviço no prazo, conseguir boas referências e conseguir outros clientes. Por isso, os maiores desentendimentos acontecem quando começa a haver atrasos no trabalho e o cliente quer que o orçamento seja cumprido. A solução nesse caso é pagar pelo tempo adicional dos profissionais ou encontrar uma solução para que o trabalho seja concluído em menos tempo. Essa pode ser uma negociação difícil, e é por essas e outras que você tem de se esforçar ao máximo para encontrar um bom profissional.

A indecisão de Susan

Susan tinha entrevistado três empreiteiros para reformar o seu apartamento de um dormitório. Depois disso nós nos conhecemos e ela me contou que não sabia o que fazer.

"O problema é que eu gostei mais do Phil, que é o mais careiro, e gostei menos do Gerald, que apresentou o orçamento mais baixo. Do Anthony eu também gostei, e o preço dele está entre os outros dois."

Susan estava reformando toda a cozinha, instalando prateleiras embutidas na sala, substituindo a fiação do apartamento inteiro e renovando a pintura. Os orçamentos que ela teve foram estes:

Gerald	***25 mil a 30 mil dólares***
Anthony	***28 mil dólares***
Phil	***33 mil a 40 mil dólares***

"Quem você gostaria de contratar?", eu perguntei."Phil, mas eu não posso pagar 40 mil dólares!"

"Então diga isso a ele. Seja sincera. Pedir o orçamento dele foi o primeiro passo. Agora volte a procurá-lo e diga a ele que você gostaria de contratá-lo. Diga quanto pode gastar, só trinta mil dólares, e veja se conseguem chegar a um acordo. Ele pode baixar um pouco o preço e você pode abrir mão de algumas coisas. Ou vocês descobrem que isso é possível ou ele desiste de pegar o trabalho, o que não a prejudicará em nada nessa altura do campeonato. Você ainda poderá contratar o Anthony.

"Nossa, isso é mais ou menos como arranjar namorado!", ela disse, achando graça.

"Tem razão. E nesse ponto é melhor ser franca e recuar se necessário do que ter de interromper a reforma depois de algumas semanas."

Depois que a metáfora bem-humorada do namorado ficou clara, Susan não teve mais dificuldade para decidir qual dos empreiteiros contratar.

Capítulo 7

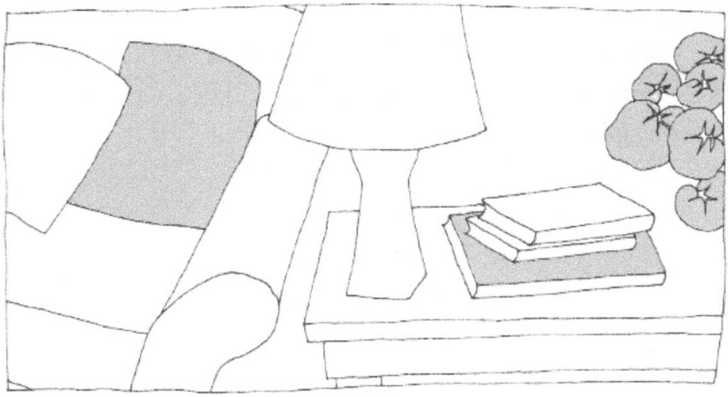

Quarta Semana: Terapia das Compras

O cômodo de Nancy, pintado com listras verdes, havia recebido uma camada de tinta gelo, mas estava totalmente vazio e esperando para ser decorado. Essa situação já se arrastava por algum tempo.

"Podemos fazer prateleiras fixas na parede ou embutidas", eu disse. "Não recomendo que você coloque uma estante de livros neste cômodo, porque ele vai parecer menor."

"Mas as prateleiras que você me mostrou parecem de má qualidade. Elas não parecem muito resistentes. E a idéia de ter prateleiras embutidas me parece meio cara. Você não podia sugerir outra coisa?"

Eu não podia. Eu tinha de admitir que tinha dado a Nancy as minhas melhores idéias e não sabia o que fazer diante da indecisão dela. Ela não queria gastar muito, mas também não gostava das opções mais baratas. Eu desisti das prateleiras e comecei a pensar numa alternativa. Depois de algumas semanas recebi um telefonema de Nancy, cheia de empolgação.

"Achei! Mas eu queria que você as visse hoje e me dissesse o que acha."

"Do que você está falando?", perguntei, confuso. "Onde você está?"

"Eu estou na loja e encontrei as prateleiras perfeitas! Elas se chamam Vitsoe. São um pouco caras, mas eu adorei! É uma loja no Soho. Você pode vir aqui hoje?"

Insuperável na sua capacidade de farejar o que queria, Nancy tinha descoberto uma ótima fonte de artigos de decoração, que se tornou também uma das minhas favoritas.

As prateleiras Vitsoe são um moderno sistema modular de metal muito leve, linhas modernas e *clean*, e ligadas por uma coluna original que as prende no chão e no teto. Elas foram desenhadas por Dieter Rams, na Alemanha, em 1960, e são produzidas desde então.

"Eu quero usar essas prateleiras no escritório e no meu quarto!", ela disse entusiasmada.

Apesar da beleza e do design clássico das prateleiras, o preço de tudo o que Nancy queria tinha ficado muito alto e ela decidiu colocá-las só no escritório. Mesmo assim o orçamento estourou e ela teve de tirar alguns itens da Lista de Compras para compensar a diferença.

Quando as prateleiras finalmente chegaram e foram instaladas, Nancy ficou maravilhada. Ela colocou ali todos os livros e as prateleiras passaram a ser o ponto mais chamativo do ambiente. Ainda ficaram faltando outros móveis, porque ela não tinha achado nada que a agradasse.

"Nancy", eu a lembrei. "Temos de acabar de decorar esse ambiente."

"Eu sei", ela disse. "Mas não quero gastar o meu dinheiro com algo de que eu não goste. Vou continuar procurando."

Eu continuei insistindo e aos poucos fomos fazendo progressos. Apesar da minha frustração, eu reconheço que Nancy não só tem um ótimo faro para achar o que quer, como é suficientemente teimosa para não tomar uma decisão precipitada.

Embora o ambiente só tivesse as prateleiras, um sofá e uma escrivaninha provisória, ela estava bem feliz com ele. Toda vez que nos encontrávamos, ela dizia: "Eu adoro esse cômodo. Ele é lindo!" E ela estava certa.

Quarta semana: Tratamento intensivo

Ossos
Limpe a sala de estar e os armários desse cômodo.
Os consertos estão sendo executados esta semana.

Respiração
Organize os livros, CDs, DVDs, vídeos e fotografias.
Cancele 75% dos catálogos que você recebe.
Esvazie a Área de Descarte esta semana.

Coração
Confirme o que você precisa fazer para acrescentar ou restringir as cores em cada cômodo.

Identifique o que você precisa para aumentar ou diminuir a "maciez" de cada cômodo.

Cabeça
Prepare três refeições em casa esta semana.
Envie os seus convites.

Quarta semana: Solução para um ambiente

Inicie uma Lista de Compras e coloque todos os preços numa planilha.
Determine todo o trabalho que tem de ser feito.
Pense na possibilidade de contratar um profissional especializado em organização doméstica.
Vá a uma loja de tintas para pegar algumas amostras.

Tratamento intensivo

Ossos

Limpe a sala de estar e os armários desse cômodo. Enquanto organiza a sala de estar esta semana, limpe embaixo dos móveis e todas as superfícies, cantos e frestas. Isso é muito bom para os ossos da casa. Muitas pessoas nunca tiram os objetos maiores do lugar, como a coleção de livros, os arquivos ou a televisão, e o pó e a sujeira começam a se acumular atrás e embaixo de todas essas coisas.

Tire tudo do lugar para que você possa limpar todas as superfícies, incluindo tapetes, abajures, sofás, cadeiras – tudo que fica no chão ou encostado na parede. Ao fazer isso, vá organizando as suas coisas, transferindo algumas para a Área de Descarte e tomando nota do que pode precisar fazer. As prateleiras de livros pintadas com tintas látex costumam ficar em péssimo estado com o passar do tempo, pois os livros costumam aderir à pintura e deixam marcas, manchas ou ambos. Limpe essas prateleiras muito bem. Uma dica para você usar no futuro: sempre use tinta semibrilho nas prateleiras (esmalte semibrilho se possível, pois os esmaltes, que agora também podem ser à base de água, são muito mais resistentes e duráveis embaixo de livros ou outros objetos).

ASSOALHOS DE MADEIRA

Mesmo o assoalho que fica embaixo de móveis, objetos e tapetes acaba se deteriorando com o tempo. Depois de tirar tudo do lugar, talvez você perceba que o assoalho precisa de manutenção ou que um tapete precisa ser substituído. Não se esqueça de tomar nota disso! Muitos apartamentos têm tacos de madeira no chão que nunca receberam manutenção adequada, nem dos donos nem dos inquilinos. Uma cliente, que havia me contratado para ajudá-la a mobiliar o apartamento, não demorou muito para notar que a parte da casa que mais precisava de reparos era o assoalho de madeira, em péssimas condições. O verniz estava gasto, deixando a madeira acinzentada e com tons desiguais. Em vez de sugerir que ela gastasse o seu dinheiro em móveis, eu insisti para que investisse primeiro na reforma do assoalho.

Embora a substituição do verniz de um assoalho seja um procedimento trabalhoso, ela geralmente não é tão cara quanto as pessoas pensam: custa mais ou menos o mesmo que pintar a casa toda e pode ser feito com muito mais rapidez. Não faz muito tempo, era preciso esperar 24 horas até uma camada de poliuretano secar, e a maioria dos assoalhos precisava de no mínimo três camadas, mas agora existem poliuretanos à base de água que secam em seis horas, permitindo que se passem duas camadas num só dia. Esse produto também é bem menos tóxico.

Se, ao examinar o seu assoalho, você perceber que a madeira está exposta e tem uma coloração acinzentada ou suja, considere a possibilidade de substituir o verniz e faça isso sem demora.

Os consertos estão sendo executados esta semana. Se você não contratou um empreiteiro ou carpinteiro para começar a fazer as reformas no seu apartamento em breve, certifique-se de que os reparos da sua Lista de Consertos começarão a ser providenciados esta semana. Depois desta semana, você só tem mais duas para que tudo fique pronto.

Respiração

Organize os livros, CDs, DVDs, vídeos e fotografias. É na sala de estar que você vai executar a maior parte dessa tarefa. Normalmente é nesse cômodo que ficam os livros, as fotografias e os papéis em geral. Esta semana, arrume toda a desordem e livre-se de tudo o que você acumulou de supérfluo, transferindo tudo isso para a Área de Descarte.

Livros

Organize a sua coleção de livros esta semana. As prateleiras não devem ficar abarrotadas de livros; o ideal é que 10% do espaço fique livre. Os livros devem ficar de pé na prateleira, a uma distância média de três centímetros da borda do móvel. Muitas pessoas tentam tirar o máximo proveito do espaço fazendo duas fileiras de livros na prateleira, uma atrás da outra. Isso deixa o ambiente com uma aparência desleixada, além de dificultar a localização dos livros. É melhor deixar todos os livros à mostra e organizados. Veja a seguir uma maneira prática de organizar os livros: ficção (em ordem alfabética por autor), que inclui romances, poesias e peças teatrais; não-ficção (em ordem alfabética por título), que inclui biografias, livros de negócios e finanças, histórias para crianças e auto-ajuda.

Se por algum motivo você prefere guardar os livros na horizontal, encontre uma maneira de deixá-los organizados! Coloque os livros maiores embaixo e os menores em cima e alinhe as lombadas para que a pilha fique arrumada.

Coloque o maior número possível de livros na Área de Descarte. Os livros são ótimos recursos e marcos da nossa experiência, mas temos a tendência de guardá-los por um tempo maior do que o necessário. Para facilitar o processo, perceba que os livros são coleções de memórias e pensamentos antigos, não novos; eles têm um peso emocional, além de

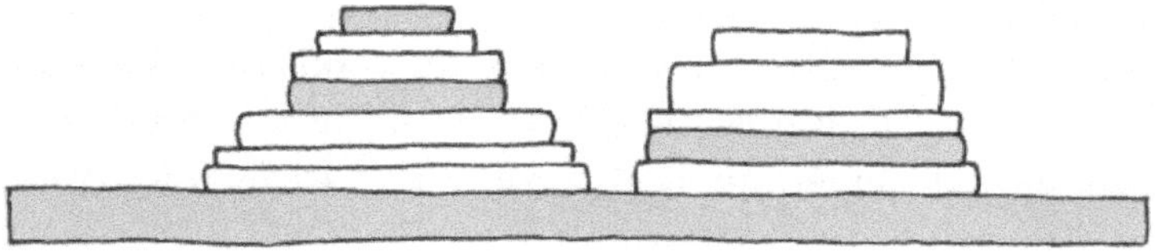

um peso físico. Quando falo sobre esse assunto, eu sempre menciono para os meus clientes uma frase de Karen Kingston, autora de *Creating Sacred Space with Feng Shui**: "O hábito de guardar livros antigos não deixa que você abra espaço na sua vida para novas idéias e novas maneiras de pensar."

Não se trata apenas de se desfazer do velho, mas também de confiar no futuro. Se você não consegue se desfazer dos seus livros, procure ao menos reduzir a sua coleção em 25% esta semana.

CDs, DVDs e Vídeos.

Atualmente, as pessoas têm tanta dificuldade para se desfazer dos CDs, dos DVDs e dos vídeos quanto têm para se desfazer dos livros. Isso é uma vergonha, uma vez que o conteúdo desse material é inferior ao dos livros e nada compatível com a saúde da casa. Eles também são bem menos bonitos que os livros.

Para CDs de música, eu recomendo sinceramente que você transfira todas as músicas para o computador e então guarde, venda ou dê os CDs. Embora os computadores tenham criado muitas tensões na nossa sociedade moderna, eles são extremamente úteis quando o assunto é guardar e tocar música. Os produtos da Apple para música pelo computador são maravilhosos: o *iTunes*, uma *jukebox* digital, é uma maneira fácil de organizar as suas músicas num Mac ou num PC, enquanto o *AirPorts* funciona muito bem quando você quer difundir música do computador para qualquer lugar da casa. Dispositivos de áudio digitais portáteis como

---

* *Criando Espaço Sagrado com o Feng Shui,* publicado pela Editora Pensamento, São Paulo, 2001.

os *iPods* são fáceis de carregar e permitem que você tenha várias cópias para *backup*.

Muitas pessoas que eu conheço substituíram os seus CDs por arquivos de áudio no computador. Os clientes para os quais eu apresentei esse sistema entenderam rápido como ele funciona e nunca mais voltaram ao sistema antigo. Embora algumas pessoas não se importem em gravar a capa dos CDs, muitos *iTunes* e outros dispositivos de áudio também oferecem essa opção.

Bea, uma amiga minha, levou todos os seus CDs para o escritório, num período de duas semanas, importou todos para o computador, antes de transferi-los para o iPod. Depois disso, ela levou os CDs para uma loja do seu bairro e vendeu todos por cem dólares. A princípio ela ficou chocada ao constatar que os CDs valiam apenas uma fração do que ela tinha pago, mas, quando se lembrou de que ainda tinha todas as músicas mais cem dólares em dinheiro, ela concluiu que tinha feito um ótimo negócio.

Vídeos e DVDs.

Nós não temos o costume de copiar filmes e sair com eles por aí a tiracolo, assim como fazemos com as músicas, por isso eu acho melhor guardá-los assim como faz com os livros: conserve alguns de que você realmente gosta ou que sejam difíceis de achar e coloque os outros na Área de Descarte.

Cancele 75% dos catálogos que você recebe. Os catálogos são como mísseis termoguiados: eles descobrem onde moramos e nunca param de chegar. Houve uma época em que eu recebia tantos catálogos que o carteiro não conseguia mais colocar todos na caixa de correio e tinha de deixá-los em frente à minha porta. Quando eu e a minha futura mulher resolvemos morar juntos, depois do noivado, ela me deu um ultimato assim que deu uma olhada na situação da minha caixa de correio: aquilo tinha de mudar! Ela empilhou todos os catálogos que tínhamos recebido ao longo do mês e telefonou para todos os números de atendimento ao cliente. Os telefonemas foram muito rápidos e, milagrosamente, todos os catálogos logo pararam de chegar. A correspondência que eu costumava receber voltou a ser uma pequena pilha de cartas e eu fiquei muito satisfeito com isso.

Quando criança, eu costumava voltar correndo da escola para ler, tomando leite e comendo biscoitos, todos os novos catálogos, brilhantes e chamativos, que chegavam à minha casa. Receber um novo catálogo era quase como ter um produto da própria loja. Quando eu ia na casa de outras pessoas, reparava nos catálogos que elas recebiam e imaginava como era a vida delas a partir dos catálogos que recebiam.

Os catálogos mostram o que podemos comprar, do que gostamos e qual é o nosso estilo. Mesmo que eles venham sem a nossa solicitação, reforçam o nosso estilo e despertam em nós o sentimento agradável de que as lojas nos "querem". Na nossa cultura consumista, só pensar na possibilidade de comprar alguma coisa já nos enche de entusiasmo.

Diante disso, o cancelamento dos catálogos pode nos parecer uma atitude quase suicida, que só serve para causar mais solidão. É algo tão ameaçador quanto desligar a televisão. As vantagens, no entanto, são muito maiores do que as desvantagens.

Esvazie a Área de Descarte esta semana. Existem muitos lugares que receberiam de muito bom grado todo o conteúdo da nossa Área de Descarte e dariam um bom destino a ele. Eis aqui algumas opções:

1. Informe-se sobre o dia ou a noite que o lixeiro passa e, um dia antes, coloque na rua os itens mais valiosos da sua Área de Descarte. Antes que o caminhão de lixo passe, alguém já terá levado tudo.

2. Doe para uma instituição de caridade.
   a. Roupas e móveis de madeira podem ser doados para instituições de caridade, como a Legião da Boa Vontade e o Exército da Salvação, para igrejas ou para asilos e orfanatos.
   b. Os livros podem ser doados para bibliotecas ou escolas públicas.

3. Doe para os amigos. Convidar os amigos para pegar o que quiserem da sua Área de Descarte é o jeito mais agradável de você se desfazer das suas coisas. Algumas pessoas colocam uma etiqueta de preço em todos os objetos e convidam os amigos para comprar e levar para casa o que quiserem.

4. Se você quer ganhar alguns trocados, venda os objetos a uma loja de artigos usados ou anuncie-os no jornal do bairro ou num site de leilão da Internet, como o Mercado Livre. Também é muito fácil vender livros e CDs usados em sebos, que também pagam um bom preço por livros de arte ou obras raras.

5. Além disso, cada vez mais objetos podem ser reciclados, hoje em dia, nas grandes cidades: computa-

dores e outros acessórios de informática, papéis, vidros, plásticos e metais. Se você quiser saber mais a respeito, basta consultar um programa de buscas da Internet, como o Google e o Yahoo, e pesquisar sites sobre o assunto.

O bazar anual de Kate

Kate morava em San Francisco e tinha uma enorme coleção de roupas, que nunca parava de crescer. Como ela não tinha mais onde guardar tantas roupas nem dinheiro suficiente para comprar todas as peças que queria, decidiu organizar um bazar em casa todos os anos e etiquetar e vender pelo menos metade do seu estoque de roupas. Graças ao seu bom gosto (e manequim de tamanho médio), o seu bazar não só se tornou um evento muito apreciado entre as amigas, como também uma maneira eficiente e lucrativa de esvaziar os armários.

O bazar de Kate é uma prova de que você pode tirar o máximo proveito dos seus pertences, se organizar você mesmo uma seção de vendas e, por extensão, um bom divertimento para você e as suas amigas. Todo ano, depois do bazar, Kate tem dinheiro suficiente para comprar mais roupas e ainda tem o prazer de ver as suas amigas vestindo algo que compraram dela.

Coração

Confirme o que você precisa fazer para acrescentar ou restringir as cores em cada cômodo. Na semana passada, você começou a pensar nas cores mais chamativas ou fortes que poderia acrescentar ou eliminar de cada cômodo e agora precisa finalizar as suas escolhas. Lembre-se de que nunca se deve exagerar nas cores, e o seu objetivo agora é usá-las em doses homeopáticas para dar vida ao ambiente, em vez de transformá-lo radicalmente. Quando estiver satisfeito com as suas opções, anote-as na sua Lista de Compras e providencie tudo esta semana.

Identifique o que você precisa para aumentar ou diminuir a "maciez" de cada cômodo. A maciez e a rigidez são, diferentemente das cores, elementos que você precisa ter na mesma proporção no seu apartamento. Inicialmente, toda casa é como uma concha vazia, feita principalmente de pedra, aço e vidro. À medida que ela é transformada num lar, passa a adquirir uma maciez orgânica na forma de estofados, cortinas, tapetes, mantas, almofadas e até plantas.

Como vivemos num mundo em que o estilo moderno sobrepujou todos os outros estilos, existe uma tendência para interiores rígidos de pedra, e muitas pessoas não acrescentam "estofo" ao seu ninho. Isso provoca uma sensação de desconforto e frieza, além de uma acústica ruim. Se você não tem tapetes ou carpete no chão nem cortinas nas janelas, é provável que a sua casa precise de um pouco mais de maciez. Outra maneira de descobrir até que ponto falta maciez na sua casa é bater palmas. Se você conseguir ouvir um eco ou reverberação nas paredes, isso é sinal de que os sons não estão sendo abafados e a sua casa precisa de mais maciez. As opções nesse caso são geralmente o algodão, o linho ou a lã (a menos que você tenha alergia ou outro problema de saúde, é melhor evitar o poliéster ou as fibras de acrílico, que são à base de minerais).

Por outro lado, se você tem muitos tapetes e cortinas, além de bagunça, espaços apertados e/ou toneladas de livros, você provavelmente tem maciez demais. Faça uma limpeza nas superfícies e reduza os livros e cortinas, pois assim você se livrará rapidamente desse excesso de maciez.

Olhe em volta do seu apartamento. Procure observar se ele mostra certo equilíbrio entre maciez e rigidez. Veja o que você pode eliminar ou mudar de lugar para deixar a sua casa mais equilibrada.

Cabeça

Prepare três refeições em casa esta semana. Enquanto expande o seu repertório de receitas e renova o estoque de comida, procure fazer algumas inovações na cozinha esta semana.

A melhor maneira de despertar a sua criatividade na cozinha é tentar copiar receitas que você provou num restaurante ou na casa de um amigo; e a segunda melhor maneira é experimentar fazer essa receita. Embora muitas receitas e livros de receitas exijam uma certa experiência, eis a seguir alguns lugares que costumam publicar receitas muito simples e criativas:

1. *Jornais*: os jornais de bairro e os suplementos de domingo dos grandes jornais costumam publicar receitas bem práticas e saborosas.

2. *Internet*: A Internet é uma ótima fonte de receitas. Experimente a seção de culinária do site do provedor Terra (www.terra.com.br) ou busque outros sites usando um buscador como o Google.

3. *Livros e Revistas*: Existem centenas de livros de culinária nas livrarias, tanto nacionais quanto importados. Também são muitas as revistas especializadas no assunto. No Brasil, existe a *Gula*, uma das mais sofisticadas revistas de culinária e gastronomia do país, a *Água na Boca* e a *Cláudia Cozinha*, que também têm uma versão eletrônica.

Envie os seus convites. Eu conheço pessoas que são muito boas em escrever cartas e muito ruins em mandá-las. Não seja assim também. Compre selos e coloque os convites no correio no sábado.

Solução para um ambiente

Inicie uma Lista de Compras e coloque todos os preços numa planilha. Não é nada fácil encontrar nas lojas tudo o que você idealizou com a ajuda da sua Bandeja de Estilo e da planta baixa. Uma grande parte do trabalho do designer de interiores é descobrir onde encontrar as coisas e o que está disponível. Essas informações geralmente são guardadas a sete chaves pelos profissionais. Nos dias de hoje, no entanto, existem centenas de lojas espalhadas pela cidade e muitas vendem diretamente ao consumidor.

Quando estiver navegando pelo mundo das compras, convém entender como o mercado está estruturado. Eis aqui um esquema geral do que você pode encontrar:

Lojas de varejo típicas:

Os objetos são manufaturados em grandes quantidades.
Trata-se de grandes lojas ou rede de lojas.
Todo mundo paga o mesmo preço, a menos que o pagamento seja à vista.

Lojas de varejo de melhor qualidade:

Os objetos são manufaturados em pequenas quantidades.
Trata-se de lojas de médio porte ou de designers.
Os clientes de varejo pagam o preço integral.
Os profissionais da área têm um desconto que fica entre 10 e 30%.

Lojas que só trabalham sob encomenda:

Os objetos são feitos à mão sob encomenda.
Trata-se de lojas pequenas ou marcenarias.
Os clientes de varejo pagam o preço integral.
Os profissionais da área têm um bom desconto (entre 25 e 50%).

No trabalho que faço com os meus clientes, eu costumo freqüentar principalmente os fornecedores da primeira e da segunda categoria e estou muito satisfeito com os resultados. No mundo do varejo típico, bons designers, indústrias internacionais e um enorme interesse em melhorar a casa conspiram para que se produzam muitas mercadorias a um preço razoável. Com criatividade e imaginação, você pode encontrar muitos móveis e peças de decoração para a sua casa em lojas como a Tok&Stok e a Etna, em São Paulo.

Assim como outros designers de interiores, eu uso esse recurso tanto com os clientes mais abastados quanto com os que têm um orçamento limitado. No entanto, existem alguns segredinhos para que isso dê certo:

1. Se o preço parecer baixo demais, desconfie! Você geralmente leva o que paga.
2. Não compre tudo numa loja só.
3. Evite ao máximo móveis de madeira compensada ou aglomerados (limite-se a 30%).
4. Certifique-se de que se trata de uma mercadoria de boa qualidade antes de comprá-la.
5. Compre o grosso nessas lojas e as peças decorativas em outros lugares.

Já ouve ocasiões em que pensei na possibilidade de sugerir que meus clientes encomendassem um móvel num marceneiro, mas acabei constatando que o preço às vezes não vale a pena. Ronald Signorelli, um dos donos de uma loja sofisticada que eu costumo indicar e que produz escrivaninhas e gabinetes que podem chegar a 50 mil dólares a peça, um dia me disse: "Só encomende uma peça exclusiva se você tiver muito dinheiro. Do contrário, procure uma rede de lojas. Eles têm mercadorias de qualidade e preços que ninguém mais tem."

Quando eu perguntei a ele como algumas redes de lojas podem ter preços tão baixos, ele me explicou: "Porque eles fazem móveis em quantidade. Se você faz algo em quantidade, pode vender mais barato. Qualquer peça exclusiva tem um preço alto."

É verdade. Embora estejamos acostumados a ver lojas vendendo sofás a preço baixo, nós nos esquecemos de que esse preço não reflete o custo real da fabricação de uma peça. Só as grandes lojas podem vender um sofá a esse preço, porque ele é fabricado em quantidade.

As lojas e marcenarias pequenas, que têm de empregar uma mão-de-obra especializada, têm um custo muito mais elevado. Na maioria dos casos, a qualidade do móvel é muito maior e dura muito mais, o que compensa o investimento. Isso não é um conselho para que você gaste mais, mas para que gaste com consciência. Não pense que você sempre faz um bom negócio quando consegue comprar algo por um preço menor do que esperava, e que é sempre enganado quando paga mais do que o esperado. Todas essas lojas têm algo a oferecer e os consumidores inteligentes sabem tirar o melhor de cada uma delas.

Jemma e Kevin não compram, eles garimpam

Ter Jemma e Kevin como clientes foi uma revelação. Eles moravam num apartamento pequeno de um dormitório e precisavam de ajuda para redistribuir os móveis e organizar a casa. O casal raramente comprava móveis. Eles tinham herdado a maioria dos pais e comprado algumas poucas peças muito bonitas. Eles tinham uma namoradeira pequena Ralph Lauren, revestida em couro, sobre a qual Kevin comentou: "Eu costumo detestar Ralph Lauren, e o preço é exorbitante, mas esta namoradeira era perfeita para o nosso apartamento e eu quis comprá-la."

Eles tinham uma mesa de jantar que um primo de Jemma tinha feito e dado para eles como presente de casamento. Ela tinha um design simples, no estilo Shaker, 1,80 de comprimento e combinava com a sala. Havia muitas obras de arte no apartamento. Kevin gostava de colecionar fotografias e gravuras feitas por amigos e conhecidos. Eles só tinham um pôster impresso nas paredes: uma enorme gravura em estilo *vintage* de um licor francês, que Kevin havia comprado quase dez anos antes.

Para deixar o ambiente mais iluminado, eles tinham instalado lâmpadas halógenas que iluminavam duas esculturas de cavalos. Para organizar os papéis, tinham comprado um incrível arquivo de madeira e rodinhas numa loja especializada em material de escritório. Entre as antiguidades e os móveis interessantes que tinham garimpado, havia uma sutil infusão de objetos comprados em redes de lojas de preço acessível. Eu diria que 80% do apartamento do casal era composto de antiguidades, móveis feitos à mão e mobília cara e os 20% restantes, de acessórios ou móveis de preços acessíveis.

Enquanto eu os ajudava a redistribuir os móveis do apartamento, percebi o bom resultado dessa combinação. Kevin vinha colecionando móveis bonitos desde que tinha se formado na faculdade. Quase tudo o que ele e Jemma tinham comprado ainda estava no apartamento e não era antiquado nem estava em más condições. Tratava-se de peças feitas para durar e davam à casa um ar personalizado, confortável e cheio de estilo. Também deixavam o apartamento mais vibrante.

Jemma e Kevin nunca tinham saído para comprar um dormitório ou um conjunto de estofados, com duas poltronas e uma mesinha de centro, tudo de uma só vez. Em vez disso, eles compravam uma cama e depois de um tempo compravam uma mesinha de cabeceira. Se precisavam de outras coisas e não tinham condições de comprá-las, eles esperavam. Não tinham receio de deixar espaços vazios, mesmo que durante anos. Depois de um tempo, como todo mundo, eles tinham comprado tanta coisa que precisaram vender ou doar um ou outro objeto.

Dieta de Atkins para a mobília: proteína *versus* carboidrato.

Percebi que a maioria das pessoas compra móveis pelo preço e tenta comprar o máximo que pode com o dinheiro que tem. Mas nem todo móvel tem a mesma qualidade e é muito importante se lembrar disso antes de começar a gastar. Eu recomendo aos clientes que visitem várias lojas e reflitam bastante antes de comprar.

A maioria das pessoas:

1. Prefere comprar várias peças de preço baixo do que uma peça mais cara.
2. Tem várias peças de qualidade inferior e poucas de boa qualidade.
3. Tem móveis demais.
4. Acaba sendo obrigada a se desfazer dos móveis a cada cinco anos ou substituí-los.

Tendo isso em mente, seria mais conveniente:

1. Concentrar o seu dinheiro e comprar móveis de qualidade.
2. Ter mais peças de boa qualidade e poucas de qualidade inferior.

Desde que eu atendi Jemma e Kevin, passei a olhar os móveis de um jeito diferente. Comecei a perceber que, entre a vasta categoria de móveis e acessórios para a casa, o que compramos pertence a uma das duas categorias a seguir: proteína ou carboidrato. Assim como os grupos de alimentos que esses rótulos representam, a proteína oferece uma vantagem muito mais duradoura do que o carboidrato.

Como a minha abordagem me lembra da ênfase que se dá à proteína na dieta de Atkins, eu a apelidei de "Dieta de Atkins para os móveis".

A maioria das casas está cheia de móveis de carboidrato. Trata-se de móveis baratos e razoavelmente estilosos, feitos de compensado ou aglomerado e com um acabamento que imita madeira maciça. Não há nada de errado com esse tipo de móvel, exceto o fato de que a qualidade da manufatura e a simplicidade do seu estilo são indicações de que ele tem vida curta. São móveis que têm ótima aparência quando chegam na sua casa (ou quando são fotografados para catálogos), mas que começam a desmontar um ou dois anos depois, dependendo da maneira como foram usados.

Anos atrás eu comprei o que na época pensei que fosse uma linda cama. Quando ela foi entregue fiquei desapontado ao ver que ela era bem diferente da foto do catálogo. Como o nosso apartamento é muito ensolarado, a lâmina de madeira se desprendeu e, durante quatro anos, tivemos de usar uma variedade de colas de madeira e até uma chave de fenda para que ela não desmontasse. Não foi uma cama barata – lembro-me de ter pago 800 dólares na época –, mas na ocasião em que a substituímos por outra ela já não valia um centavo. Tivemos de jogá-la no lixo. Nem o Exército da Salvação a quis! Se demorássemos um pouco mais para nos livrarmos dela, teríamos de pagar alguém para levá-la embora, pois nem os cata-bagulhos iriam querê-la. Essa cama era um carboidrato. Ela foi uma fonte de energia de curta duração para a nossa casa.

Compare a minha cama com a que Jemma e Kevin compraram. Por 2 mil dólares, aproximadamente, eles compraram uma cama da Indonésia em estilo antigo, de madeira sólida, toda entalhada e com encaixes muito bem ajustados. Essa cama, se tratada com cuidado, só aumentará de valor, e poderá ser levada para qualquer lugar em que o casal possa morar. O valor dessa peça reflete não só o seu custo-benefício, mas também a satisfação e o serviço que ela proporciona à casa. Essa cama é uma proteína. Ela é uma fonte de energia de longa duração para a casa.

A mobília de proteína é artesanal e bem-feita, enquanto a mobília de carboidrato é barata e feita numa linha de montagem. Como em qualquer dieta alimentar, os dois grupos têm o seu valor, mas uma casa mais cheia de energia com o tempo cortará a mobília de carboidrato e aumentará a mobília de proteína.

Quando for comprar numa grande loja de varejo, convém saber o que ela faz de melhor.

Determine todo o trabalho que tem de ser feito. Ali pelo final da semana, eu quero que você analise o que idealizou, o seu orçamento, as suas estimativas e a quantidade de tempo que poderá dedicar ao seu cômodo. Tome uma decisão sensata com relação ao que vai fazer ao longo das próximas quatro semanas e o que deixará para uma outra ocasião. Você estará decidindo que trabalho, especificamente, será feito.

Quando tomar essa decisão, lembre-se de duas regras que regem as melhorias no ambiente doméstico:

1. Tudo vai levar um pouco mais de tempo do que você pensa.
2. Tudo vai custar um pouco mais do que você pensa.

Isso não quer dizer que todo o trabalho que você teve organizando o seu tempo e as suas despesas foi em vão. Só significa que todos nós temos a tendência natural de tentar fazer mais do que podemos, por isso costumamos subestimar as tarefas que temos pela frente. Eu faço isso, os clientes fazem e até os empreiteiros fazem. Os empreiteiros inteligentes sempre calculam um pouco mais de tempo e de dinheiro às suas estimativas para não estressarem nem a si nem os clientes caso ocorra algum contratempo. Essa é uma ótima estratégia e você deveria fazer o mesmo.

Como eu quero que você tenha sucesso e sempre prezo a simplicidade acima de tudo, peço que tenha cuidado para não se sobrecarregar nas próximas semanas, planejando fazer mais do que pode. Quando estiver elaborando o seu projeto, seja ambicioso, mas não se sobrecarregue demais. É muito melhor terminar tudo dentro do prazo e do orçamento do que sofrer com atrasos ou com a falta de dinheiro.

Pense na possibilidade de contratar um profissional especializado em organização doméstica. Essa é uma profissão relativamente nova, mas extremamente útil. Esses profissionais são uma espécie de auxiliares temporários que podem prestar uma grande ajuda em tempos de mudança, reformas ou remodelações. Eu sempre sugiro aos meus clientes que contratem esses profissionais para dar uma mãozinha e fazer o trabalho mais pesado, como transportar papéis, arquivos ou móveis.

O que há de melhor nesse tipo de profissional é o fato de que eles geralmente são pessoas cheias de vigor, que não têm medo de pôr a mão na massa, mas que têm sensibilidade suficiente para não deixá-lo sobrecarregado. Se você estiver pronto para remodelar o seu apartamento e souber exatamente o que quer fazer, só tem a ganhar se tiver outro par de olhos e de mãos ajudando você.

Vá a uma loja de tintas para pegar algumas amostras. Agora é hora de começar a pensar na sua opção de cores, caso a pintura das paredes esteja na sua lista de afazeres. Fica bem fácil escolher a cor certa para cada ambiente se você seguir as seguintes instruções:

1. Pegue de cinco a dez amostras na loja de tintas.
2. Analise as amostras em casa e reduza o seu leque de opções restringindo-se a três amostras.
3. Compre uma lata pequena de tinta de cada uma dessas três cores e pinte um metro quadrado da parede com cada uma delas, em pelo menos três lugares diferentes (onde o sol bate e onde não bate).
4. Deixe as três opções de cor nas paredes pelo menos um dia e uma noite.
5. Escolha uma das três cores.
6. Se nenhuma das três cores agradá-lo, volte à primeira etapa e repita todo o processo até ficar satisfeito.

Esta semana, cumpra a primeira etapa. Vá à loja de tintas da sua escolha e selecione de cinco a dez cores para cada cômodo que estiver pensando em pintar.

Escolher cores de tinta é divertido se você não estiver se sentindo pressionado, nem se incomodar em fazer testes antes de tomar a decisão final. Para ter idéias de cores, use a imaginação e lance mão da sua Bandeja de Estilo. Se você gostou do efeito de uma cor numa fotografia, é bem provável que goste dela na sua casa também. Você também pode se basear em várias fotografias ou num objeto e fazer uma mistura de cores. Nesse caso, é preciso prestar atenção ao mundo de cores que está criando. Você pode se inspirar em qualquer coisa: tapetes, abajures, objetos, quadros ou até lembranças.

Faça orçamento em várias lojas, mas procure comprar todas as tintas de uma só marca. Eu só costumo usar mais de uma marca quando a minha preferida não tem a cor que eu quero. Saiba também que a maioria das lojas de tinta tem misturadores de tintas que fazem tons personalizados.

Capítulo 8

Quinta Semana: Coloque a Mão na Massa

"Minha nossa!", suspirou Amanda. "É papel que não acaba mais! O que vou fazer com tudo isso? Será que são importantes?"

Amanda tinha pilhas de papéis de valor sentimental que ela nunca tinha tempo de arrumar. Eles ficavam atulhados num armário de duas portas e numa gaveta desde que ela havia se mudado. Para resolver o problema de uma vez por todas, eu passei alguns dias sentado no chão da sala ao lado dela, rodeado de papéis por todos os lados. Alguns eram da época em que Amanda fazia faculdade, embora ela já estivesse formada há vários anos.

Quando analisamos toda aquela papelada, percebemos que era fácil dividi-la em categorias típicas: "extratos bancários", "documentos relacionados à aposentadoria" ou "cartas pessoais". No entanto, havia também rascunhos estranhos, fotografias, desenhos e pequenos objetos que faziam Amanda rir e virá-los rapidamente para baixo.

"O que é isso aqui?", perguntei.

"Ah, é do meu queridinho", ela respondeu dando risada e tirando o objeto da minha mão.

Nós acabamos dando conta da bagunça, mas ainda sobrou uma pilha de papéis sortidos que não tinham para onde ir. Eles eram todos do "queridinho".

"Amanda, será que não podemos pôr esses na Área de Descarte?"

"Claro que não!"

"Bom, se pretende mantê-los, você tem de arranjar um lugar para eles. Precisa guardá-los com carinho. Eu quero que você os coloque numa pasta e dê um nome a essa pasta."

Amanda concordou. Ela arrumou toda a papelada e outras coisas afins em duas grandes pastas e depois guardou tudo num arquivo. O único problema é que as pastas não tinham nome.

Eu dei algumas sugestões.

"Que tal 'Namorado'?"

"Não."
"'Lembranças'?"
"De jeito nenhum!"
"'Arquivo Pessoal'?"
"Não."
"O que acha de 'Queridinho'?"

Ela achou graça, mas gostou da idéia. No final das contas, era essa a palavra que sintetizava a sua coleção. Depois que ela começou o arquivo 'Queridinho', ele não parou de crescer e passou a ser a sua razão favorita para manter os papéis arrumados em pastas.

Quinta semana: Tratamento intensivo

Ossos
Providencie os consertos esta semana.
Limpe a área do escritório e todos os armários desse cômodo.
Passe o aspirador, tire o pó e passe um pano de chão na casa toda.

Respiração
Arrume as pastas e arquivos.
Prenda todos os cabos e fios.
Fique longe da mídia durante um dia inteiro.

Coração
Compre flores frescas.
Escolha pelo menos um item macio ou rígido para acrescentar ou eliminar.

Cabeça
Prepare três refeições em casa esta semana.

Faça as refeições em casa de domingo até quinta-feira.
Vá para a cama cedo e leia antes de dormir.
Opcional: dê uma olhada na tecnologia sem fio.

Quinta semana: Solução para um ambiente

Providencie os itens da sua Lista de Compras
Faça testes com as cores de tintas.
Decida de que cor pintará o cômodo.

Tratamento intensivo

Ossos

Providencie os consertos esta semana. Esse é só um lembrete para que você se certifique de que todos os consertos estão sendo executados. Como geralmente é necessário fazer consertos antes da decoração, é preciso providenciá-los primeiro. A essa altura, você tem esta semana e a semana que vem para fazer todos os consertos incluídos na sua Lista de Consertos.

Limpe a área do escritório e todos os armários desse cômodo. Faça uma faxina completa no seu escritório e em volta dele, inclusive nos armários e nas gavetas. Em alguns apartamentos, o escritório está num cômodo separado; em outros, trata-se de um canto da sala de estar ou da sala de jantar. Limpe tudo! Usando aspirador, lustra-móveis e uma flanela úmida, limpe atrás e em cima de todas as prateleiras. Tire os objetos do lugar e limpe atrás deles, e tire tudo o que estiver dentro dos armários para fazer uma faxina completa. Analise as melhorias que gostaria de fazer nesse ambiente e providencie pelo menos uma delas esta semana.

Passe o aspirador, tire o pó e passe um pano de chão na casa toda. Como já se passaram quatro semanas, já é hora de fazer uma limpeza mais completa em todos os pisos e superfícies. Limpe o chão e tire o pó de todos os cômodos, sem se esquecer dos armários, das mesas e das molduras das janelas.

Se você não tem o hábito de usar o aspirador, não gosta de usá-lo ou tem o costume de deixá-lo guardado num lugar de difícil acesso, passe a guardá-lo num lugar mais acessível e/ou pense nessa possibilidade. Quanto mais fácil for a faxina melhor. O ideal é que você possa tirar e pôr o aspirador do armário num só movimento e com uma única mão. Qualquer coisa além disso já torna essa tarefa difícil.

Respiração

Arrume as pastas e arquivos. Os papéis e pastas dos escritórios domésticos são uma das coisas que mais contribuem para a bagunça na casa. As finanças pessoais são muitas vezes a pior delas. Os papéis se acumulam quando a decisão quanto ao que fazer com eles vai sendo adiada. Sempre que você se pega pensando, "Eu decido isso depois" ou "Vou guardar isso só alguns dias", sem saber quando tomará uma decisão, é certeza de que vai acumular mais bagunça. Não adie essas decisões.

Deixar os papéis ou pastas sempre organizadas e em dia é o único jeito de facilitar a arrumação e evitar que as questões importantes se tornem urgentes. O segredo aqui é não arquivar muita coisa e dedicar uma parte do seu tempo à análise das decisões que precisa tomar.

O início dos arquivos

A maioria dos papéis que vão parar no escritório da sua casa consiste em correspondências que chegam pela porta da frente. Se você já providenciou a sua Pista de Pouso, já está com metade da batalha ganha. Perto da porta da frente, você deve ter um espaço reservado para todas as contas, extratos bancários e correspondências financeiras que exigem resposta. Você deve manter toda essa correspondência importante perto da porta da frente até que tenha decidido tomar providências com relação a elas.

Determine o dia ou os dias em que pagará as suas contas. Eu pago contas toda semana; algumas pessoas pagam duas vezes por semana e a maioria, uma vez por mês. Escolha o que for melhor para você e registre a sua decisão no calendário. É importante que essa data se torne um ritual regular.

Estipule um dia da semana para facilitar as coisas

Um dos meus clientes cuida de todas as contas, tanto as pessoais quanto as profissionais, nas quartas-feiras e, nos outros dias da semana, não as examina nem pensa sobre elas. Ele usa o tempo estipulado não só para lidar com toda a complexidade que envolve o pagamento de contas e tomar todas as decisões com relação à sua vida financeira, mas também para que não precise mais pensar nisso pelo resto da semana. Se alguém lhe pergunta algo sobre seguros, doações ou uma determinada conta, ele pede que a pessoa espere até quarta-feira. Os compromissos financeiros às vezes podem se tornar urgentes e estressar você desnecessariamente. Se organizá-los numa cesta perto da porta e também dedicar a eles uma parte do seu tempo, você poderá dizer não às pessoas quando necessário e também terá tempo para tomar boas decisões.

O pagamento de contas no ambiente de trabalho

Vários dos meus amigos e clientes que têm muitas contas a pagar cumprem essa tarefa no ambiente de trabalho, no final do dia, ou durante o horário do almoço. Isso significa que eles não têm uma pilha de contas em casa, pois levam toda a correspondência deixada na Pista de Pouso para o escritório. Se você tem um espaço limitado em casa e espaço suficiente no ambiente de trabalho, eu recomendo que faça isso. Cuidar das suas contas pessoais no escritório é uma boa maneira de não sobrecarregar o tempo que passa em casa e reduzir ao mínimo o seu escritório doméstico.

O que guardar e o que jogar fora

Quando você se senta para tratar das suas finanças, o seu objetivo deve ser cumprir todos os seus compromissos, fazer um planejamento e reduzir a papelada a uma quantidade mínima. Desse modo fica mais fácil guardar documentos importantes e achá-los quando necessário. Os papéis que mais abarrotam os seus arquivos e pastas são as contas telefônicas de muitas páginas e as contas de consumo (gás, energia elétrica, celular, etc.), por isso eu o aconselho a não guardá-las além do tempo necessário. Consulte a lista a seguir para saber o que guardar e por quanto tempo (no Brasil):

Guardar	Por quanto tempo?
1. Cartas pessoais	Para sempre
2. Impostos de renda	Cinco anos
3. Extratos de cartões de crédito	Cinco anos
4. Prestações da casa	Cinco anos
5. Recibos de profissionais liberais	Cinco anos
6. Contas de água, luz, telefone, gás	Cinco anos
7. IPTU, IPVA	Cinco anos
8. Planos de saúde	Cinco anos
9. Pagamentos de condomínio	Cinco anos
10. Mensalidades escolares	Cinco anos
11. Pagamentos e contratos de aluguel	Três anos
12. Garantias, manuais do usuário	Durante a vida útil do produto

Não guarde:

1. Cartões pessoais e de datas festivas
2. Extratos bancários

A primeira razão para você guardar os seus recibos financeiros é a possibilidade que isso lhe dá de controlar as suas despesas e de se prevenir contra eventuais lançamentos indevidos ou cobranças em duplicidade. A segunda razão é resguardar-se caso você caia na malha fina da Receita Federal. Nos dois casos, cinco anos é mais do que o suficiente para você guardar a maioria dos comprovantes de pagamento.

Se você tem uma vida financeira complexa ou mania de guardar documentos e notas fiscais, eu sugiro que use um programa de finanças como o *Money*, que pode controlar despesas domésticas ou empresariais. Esse programa também possibilita a criação de cenários econômicos alternativos, a redução de despesas e cálculo de impostos.

Como manter as pastas organizadas

Se mantiver as suas pastas identificadas e organizadas, a sua vida ficará mais fácil. Esse é outro caso em que o tempo investido inicialmente gera grandes dividendos. Se você ainda não tem os itens a seguir, eu recomendo que os providencie:

1. Um arquivo para pastas suspensas
2. Pastas suspensas coloridas (uma cor para cada área da sua vida)
3. Um etiquetador

Essas três coisas facilitarão muito o arquivamento, a localização e o manuseio dos seus documentos. Não há nada pior do que uma pasta ou gaveta abarrotada de papéis, com etiquetas que você mal consegue ler. Use cores para representar cada área da sua vida e depois preencha as etiquetas que identificam cada pasta usando uma caneta preta sob um fundo branco. Eis aqui o exemplo de um dos arquivos de Amanda:

1. Pessoal: pastas cor-de-rosa
   a. Criativa
      i. Projetos pessoais

ii. Planos de viagem
iii. Receitas de culinária
b. Cartas pessoais
i. Família
ii. Queridinho
iii. Amigos
c. Negócios
i. Extratos bancários
ii. Comprovantes de pagamento do cartão de crédito
iii. Comprovantes de pagamento da hipoteca
iv. Carnês de aposentadoria
v. Extratos de investimentos
vi. Seguro saúde
vii. Seguro da casa
d. Fotografias
2. Profissional: pastas verdes
a. Criativa
i. Idéias para histórias
ii. Rascunhos
iii. Bonecos
b. Negócios
i. Comprovantes de pagamento do cartão de crédito
ii. Recibos dedutíveis do imposto de renda
iii. Recibos não dedutíveis
3. Garantias de eletrodomésticos, etc.: pastas cor laranja

Prenda todos os cabos e fios. Assim como os papéis, os cabos e fios de que precisamos para ligar e conectar os nossos computadores, telefones, impressoras e faxes são cada vez mais numerosos. Esta é a semana certa para você cuidar deles, caso estejam emaranhados. Eis algumas dicas:

1. Evite usar muitos cabos e remova os que não estejam sendo usados e que possam estar ocupando espaço no chão. Remova também qualquer periférico que não esteja sendo usado (você realmente usa a impressora ou pode imprimir o que precisa no escritório?) ou use tecnologia sem fio sempre que possível.
2. Mantenha os seus equipamentos o mais perto possível uns dos outros e use cabos mais curtos, para que os excessos não fiquem se acumulando.
3. Prenda os fios num cabo central usando prendedores de cabos. Opte por prendedores que você possa abrir com facilidade, como as presilhas flexíveis com velcro que você prende em volta do cabo.
4. Prenda todos os cabos que correm ao longo da parede com uma ferramenta elétrica de fixação, como o grampeador *Arrow T-25*. Esse grampeador é feito especialmente para grampear fios e cabos e por isso não os danifica.

Fique longe da mídia durante um dia inteiro. Essa idéia foi inspirada no livro *Eight Weeks to Optimum Health*, do dr. Andrew Weil. Ela é simples e extremamente eficaz, por isso eu a sugeri a muitos clientes.

Como o objetivo do Tratamento de Oito Semanas é recuperar a sua casa e reduzir as pressões e os estímulos do mundo exterior, outro fator a que devemos estar sempre atentos é a mídia: televisão, rádio e jornais. O dr. Weil chama esse jejum de "jejum de notícias" e aconselha o leitor a não ler nem ouvir nem assistir a noticiários durante um dia inteiro. Ele depois explica por quê:

> *Eu não quero que você fique desinformado com relação ao que está acontecendo no mundo, mas percebo que a prática de acompanhar as notícias costuma causar ansiedade, raiva e outros estados emocionais que provavelmente inibem o sistema imunológico (...). Eu acho que vale a pena ampliar o conceito de nutrição para incluir também o que colocamos na nossa consciência. Muitas pessoas não têm controle sobre isso e acabam absorvendo um monte de lixo intelectual. O meu objetivo é fazer com que você perceba que tem poder para decidir até que ponto quer absorver esse tipo de material.*

Eu descobri que a estratégia do dr. Weil é ao mesmo tempo sensata e muito eficiente; no entanto, não acho que ela seja suficiente. Muitos dos meus clientes têm uma televisão no meio da sala, que eles ligam assim que chegam em casa do trabalho e só desligam na hora de dormir. Conforme eu descobri, não basta o que o dr. Weil chamou de "jejum de notícias"; a maioria dos lares precisa de um "jejum de mídia" para remover todo o lixo mental que absorvemos em casa. Portanto, evite assistir à TV enquanto estiver no trabalho e não a ligue enquanto estiver em casa. Se o seu trabalho obriga você a fazer isso durante a semana, então experimente nos finais de semana. (Não há problema nenhum em ouvir música em casa, mas se quiser usufruir ainda mais dos benefícios desse jejum, evite até mesmo isso.)

Ao longo do dia, especialmente enquanto estiver em casa, preste atenção no que sente enquanto passa o dia sem os sons e imagens a que está acostumado. Embora a princípio isso possa parecer desconfortável e estranho, você vai acabar percebendo que terá mais tempo para se dedicar a outras coisas.

Tenho recebido relatos muito positivos dos clientes e leitores da Terapia do Apartamento que se propuseram a fazer esse valioso exercício. Recebi um e-mail de uma senhora de Chicago dizendo que ela começou a praticá-lo uma vez por semana com o marido e essa passou a ser a noite predileta do casal em casa. Ela descobriu que eles começaram a conversar mais e fazer coisas juntos que nunca tinham feito quando a televisão estava ligada. Ela escreveu que gostaria que todas as noites fossem iguais a essa, mas que seria impossível para o marido deixar a televisão desligada durante tanto tempo.

Coração

Compre flores frescas. À medida que cria o hábito de comprar flores frescas, experimente variar as floriculturas e os tipos de flor e procure se inteirar do nome das flores. Considere esta a sua missão semanal: aprender o nome de pelo menos três flores novas ou outras plantas. Se você tiver oportunidade de apanhar flores silvestres, melhor ainda.

Observe como as flores mudam o ambiente da sua casa e como você se sente ao voltar para casa depois do trabalho. É agradável ver as flores quando você entra pela porta da frente? Isso o deixa feliz? De que tipos de flores você mais gosta? As pessoas fazem comentários sobre elas? As cores das flores frescas deixam a sua casa mais alegre e vibrante?

Quando você se empenha para deixar a sua casa mais vibrante, está fazendo algo muito pessoal e simbólico em favor da sua casa. Quando chegar na reta final do Tratamento de Oito Semanas, você pode analisar se essa prática valeu a pena e com que freqüência quer mantê-la.

Escolha pelo menos um item macio ou rígido para acrescentar ou eliminar. Na semana passada, você analisou cada cômodo da casa, tendo em mente a maciez e a rigidez dos seus componentes. Esta semana, identifique o que você precisa fazer para equilibrar esses dois aspectos em cada cômodo e escolha um objeto para acrescentar ou remover. Caso decida eliminar um objeto, leve-o para a Área de Descarte. Se for o caso de acrescentar alguma coisa, opte por uma almofada, um tapete ou uma cortina. Se precisar acrescentar um objeto rígido, experimente uma mesinha lateral de vidro, um abajur de metal ou cerâmica ou até um porta-retrato.

Feito isso, observe o efeito que o objeto causou no ambiente. Você se sentiu desconfortável ao colocá-lo ali? Ele deixou o cômodo diferente? Você consegue sentir a interação entre a maciez e a rigidez, o mineral e o orgânico na sua casa?

Quando começar a perceber com mais nitidez esse equilíbrio, você pode ir acrescentando ou subtraindo objetos conforme a necessidade. Eu quero que você comece a ver cada cômodo como um instrumento que pode ser afinado para deixar a sua casa mais confortável e cheia de vida.

Cabeça

Prepare três refeições em casa esta semana. Judy e Chuck pedem o jantar pelo telefone quase todas as noites, assim como Marlo. Nathan, um outro cliente meu, disse-me que só tinha cozinhado em casa três vezes desde que se mudara para o seu novo apartamento, três anos antes. Embora isso não cause nenhum prejuízo a curto prazo, não usar a cozinha é uma das principais *causas mortis* dos apartamentos na cidade.

O seu apartamento tem três funções primárias que definem o papel das moradias desde que os seres humanos se abrigavam da chuva em cavernas: ser um abrigo dos elementos, um lugar onde cozinhar e uma maneira de ficar aquecido. A princípio, o fogo vinha de uma fogueira, depois de uma lareira e então passou a ser um fogão; agora ele corre o risco de só existir no brilho da tela da televisão. Muitas pessoas ligam a televisão para deixar o ambiente mais acolhedor, comem em frente a ela e fazem dela a parte central do apartamento. Quando desligar a televisão esta semana, restaure o verdadeiro fogo aproveitando o domingo à noite para cozinhar.

Domingo à noite é a noite mais importante para você cozinhar em casa e, de longe, a mais agradável, depois que já se habituou a isso. Também é muito mais fácil fazer planos para o domingo à noite, pois nos demais dias da semana costuma ser difícil programar um jantar em casa. Domingo é um dia tranqüilo, antes que a agitação da semana comece, e a melhor oportunidade para você pensar em si mesmo, no seu parceiro ou na sua família. Essa é a noite ideal para você se preparar para a semana seguinte e também nutrir a si e à sua casa. E, entre outras coisas, cozinhar em casa aos domingos à noite é um remédio infalível para todos que sofrem da melancolia do domingo à noite.

CRONOGRAMA PARA O DOMINGO À NOITE

16:00 – *Saia para comprar os ingredientes do jantar*

Domingo é o dia tradicional dos assados e uma receita de frango assado com legumes é uma ótima opção, caso você não tenha nenhuma outra idéia. Não compre comida pronta; é você quem vai cozinhar. Compre ingredientes orgânicos, de boa qualidade, e mime-se um pouco com um bom queijo e uma sobremesa. Não compre apenas os ingredientes do jantar. Aproveite também para reabastecer a geladeira para a próxima semana com ingredientes básicos como suco, manteiga, leite ou massas.

Compre comida de boa qualidade. Por muito menos do que você gasta comendo fora, você pode comprar alimentos e ingredientes de primeira para abastecer a sua casa. Abastecendo a sua casa com alimentos de que você gosta, há mais chance de você fazer as refeições em casa.

Essa também é uma boa oportunidade para comprar flores para a mesa de jantar ou para o seu quarto.

17:00 – *Volte para casa e faça uma limpeza*

Depois de uma semana cheia, talvez você tenha de limpar a casa antes de começar a cozinhar. Muito bem. Então vamos tratar disso agora. Limpe a cozinha, troque a roupa de cama, coloque a roupa suja na máquina e tire o lixo. Cuidar da sua casa é a melhor maneira de mantê-la em boas condições e, se você não tem tempo durante a semana, o domingo é o suficiente. O objetivo aqui é deixá-la confortável e com um ar de limpeza para a semana que está começando. Com a televisão desligada esta noite, ligue o som e ouça música.

18:00 – *Comece a cozinhar*

A hora de começar a cozinhar pode variar dependendo da limpeza que a sua casa precise e de quantas pessoas morem na casa. O importante é começar cedo. Jantar mais cedo no domingo à noite pode fazer bem ao seu organismo, além de permitir que vá para a cama mais cedo. Depois de dormir tarde na sexta-feira e no sábado, você não vai querer dormir tarde mais uma vez.

Não importa se está cozinhando só para você ou para outra pessoa também; agora é hora de você ficar em casa e revisar o que fez durante a semana e no final de semana, planejando o que fará na semana seguinte. Enquanto pica os legumes ou refoga o alho, você está arejando a mente, colocando os pensamentos em ordem e focalizando o que é importante para você.

Se um de vocês está cozinhando e o outro não, essa é uma boa hora para tomarem um copo de vinho juntos, acompanhado de um bom queijo e biscoitos de água e sal, enquanto conversam. Essa também é uma boa hora para ligar para a família (se isso não for aborrecer você) ou para um de vocês escrever breves notas de agradecimento para as pessoas que fizeram algo em benefício de vocês a semana passada. Esse não é o momento apenas de colocar comida na mesa, mas de sentir mais prazer em ficar em casa.

19:00 – *Sente-se para jantar*

Sentar-se para apreciar uma comida caseira é um ritual prazeroso, mesmo que esteja jantando sozinho. Se estiver desacompanhado, leia algo que não tem tempo para ler durante a semana. E não se sente no sofá! Faça a sua refeição na sala de jantar (mesmo que ela se resuma a uma mesinha no canto da sala de estar) ou no balcão da cozinha.

A parte mais enriquecedora e agradável da noite é aquela em que você dá a primeira garfada na comida que você mesmo preparou. Não existe nada como uma boa comidinha caseira e, se você não tem muitos dotes culinários, domingo à noite é uma boa hora para você experimentar novas receitas e ingredientes. Até cozinhar um espaguete pode ser uma ótima experiência.

20:00 – *Arrume a cozinha e faça uma caminhada*

Se você fez um bom trabalho, ainda terá sobras para o resto da semana.

Limpar a cozinha é importante. Você não vai querer acordar de manhã e ver pratos sujos na pia, por isso lave a louça agora e coloque tudo no lugar. Limpe todas as superfícies, incluindo a mesa de jantar, e jogue fora toda comida velha que estiver na geladeira, antes de guardar as sobras do jantar.

Saia para fazer uma caminhada. Caminhar ao ar livre depois da refeição é ótimo para a digestão e para arejar a mente. Enquanto caminha, você tem tempo para pensar no que vai fazer da vida. Se tiver um parceiro, essa é uma outra oportunidade para conversarem sobre os seus problemas ou preocupações e pôr os pontos nos ii, caso não tenham feito isso ainda.

21:00 – *Prepare-se para ir para a cama e ler um livro*

Dormir cedo no domingo é algo que beneficiará toda a sua semana. Você acordará cedo, bem disposto e pronto para enfrentar qualquer coisa que vier pela frente. Se, como eu, você tem dificuldade para dormir à noite (especialmente no domingo, quando o corpo já se acostumou a dormir mais tarde), tente tomar um chá quente de ervas e ler um pouco na cama. Se nem isso adiantar, experimente tomar um banho quente, pois isso relaxará os seus músculos. Você também pode tomar pílulas de melatonina, uma maneira segura e saudável de induzir o sono, quando usada uma vez por semana.

O tempo que você passa em casa deve contribuir para o seu rejuvenescimento, e ler no final do dia é uma ótima fórmula para isso (desde que a leitura não seja relacionada ao trabalho). Se você não tem nada especial para ler, opte por uma obra clássica e mergulhe na leitura. Ler um bom livro, especialmente de ficção, é uma maneira de ampliar os seus horizontes, esquecer as preocupações da semana e elevar o seu estado emocional, com a ajuda da inspiração alheia.

21:30 – *Apague a luz*

Para você parece cedo demais? Não vai parecer caso tenha jantado cedo e feito tudo o que estava na lista. Essa é uma grande noite em casa e você se sentirá agradavelmente cansado e pronto para o dia seguinte.

Como eu já disse, ficar em casa é a melhor maneira de cuidar dela. Nessas horas em que usufruiu a sua casa, você entrou em contato com quase todas as partes do seu apartamento, fortalecendo desde as estruturas da casa até as estruturas do seu próprio ser. Você e a sua casa estão nutridos, descansados e preparados.

Faça as refeições em casa de domingo até quinta-feira. Esta semana você vai passar a fazer as refeições em casa durante cinco noites por semana. Isso vai imprimir outro ritmo ao seu dia-a-dia e lhe dará muito mais tempo para curtir a sua casa. Cozinhar pode se tornar uma atividade muito mais leve caso você tenha sobras do fim de semana, mas procure adicionar a elas verduras frescas ou um tempero diferente, para que tenha algo novo para comer a cada noite.

Essas noites não são para receber amigos em casa. Elas servem para que você possa cumprir o prazo dos projetos que está fazendo na sua casa. Como esta semana você precisa arrumar os seus arquivos e pastas, além de finalizar a escolha das cores e fazer a sua Lista de Compras para que possa começar a comprar as coisas na semana que vem, você terá tempo suficiente para isso.

A maioria dos meus clientes e das pessoas que eu conheço não passa todo esse tempo em casa, cozinhando ou fazendo as refeições. Se isso acontece com você também, observe as mudanças e oportunidades que esse novo hábito acrescenta à sua semana. Você começou a chegar do trabalho mais cedo? Aguarda com expectativa as atividades que planejou fazer em casa? Esse tempo maior em casa aborrece você? Você se sente diferente quando sai de casa pela manhã?

Entre outras coisas, esse período de tempo maior em casa permitirá que você fique mais em contato com os sinais vitais do seu apartamento: você saberá o que falta na sua geladeira, lembrará que a tinta está secando na parede do seu quarto e que tem de afastar os móveis da parede para colar o rodapé que está se desprendendo. Nas próximas quatro semanas você procurará passar esse mesmo número de horas em casa, de modo que possa dar toda a sua atenção ao Tratamento e ver o que acontece quando faz esse tipo de investimento na sua casa. Depois disso, você é que decidirá se quer continuar passando tanto tempo em casa ou não.

Vá para a cama cedo e leia antes de dormir. Assim como fez no domingo, eu quero que este mês você procure ir para a cama mais cedo nos dias da semana. Como diz o dr. Weil em *Eight Weeks to Optimum Health*, "O sono adequado é uma peça-chave do estilo de vida saudável; a falta de sono aumenta a susceptibilidade a doenças". Não só dormir é importante como também ter tempo para ficar acordado na cama à noite e para se arrumar de manhã; esses são um dos maiores luxos domésticos que a vida pode nos proporcionar. Ir para a cama ou sair dali correndo todos os dias tirará de você os breves momentos necessários para que você preste atenção à sua casa. Se você sente muito sono pela manhã ou na hora de ir para a cama, comece a pensar na possibilidade de ir para a cama mais cedo.

Opcional: dê uma olhada na tecnologia sem fio. Muitos dos avanços tecnológicos dos últimos vinte anos relacionados à mídia exerceram sobre os lares um impacto tanto positivo quanto negativo. Como o papel que a mídia tem na nossa vida aumentou muito e nós temos cada vez mais opções para transformar a nossa casa num cinema ou numa ilha de edição, nunca tivemos tantos aparelhos eletrônicos em casa. A estimulação eletrônica não faz bem para a nossa casa e eu recomendo que você a reduza ao mínimo possível e encontre maneiras de tirá-la do seu campo visual.

No entanto, surgiram dois avanços tecnológicos nos últimos anos que eu aprovo sem restrições: a rede sem fio, que lhe permite transmitir dados em alta velocidade sem a utilização de cabos, e os programas que lhe permitem guardar todas as suas músicas no computador.

Muitos dos meus clientes têm laptops em casa com acesso à Internet a cabo. Isso significa que eles são forçados a se sentar num determinado lugar da casa quando querem acessar a Internet. Nesses casos, eu recomendo que eles instalem uma rede sem fio, para que possam se livrar dos cabos e ficar on-line em qualquer cômodo da casa. Para que uma tecnologia seja útil, ela precisa permitir a mobilidade e isso é exatamente o que a rede sem fio proporciona. É muito fácil instalar uma rede sem fio em casa, mas, se precisar de ajuda, basta entrar em contato com uma empresa especializada ou buscar informações a respeito na internet.

Com uma rede sem fio e outros acessórios, como o *Airport Express*, da Apple, ou o *Squeezebox*, da Slim Devices, você também pode tocar música do seu computador sem fio e de qualquer lugar do seu apartamento. Para tanto, você precisará de um pouco mais de conhecimento, mas a cada dia isso se torna mais fácil. Ninguém que eu conheça, seja amigo ou cliente, já se arrependeu.

Solução para um ambiente

Providencie os itens da sua Lista de Compras. Agora você está a meio caminho do seu objetivo e já deve ter colocado em prática boa parte do projeto. Você idealizou o que queria, estabeleceu o seu orçamento e colocou o seu projeto em prática. Talvez tenha usado uma planta baixa e começado a escolher as cores das tintas. Também já deve ter feito a cotação de tudo de que precisará ou pelo menos grande parte disso. Essa lista pode ser grande a ponto de incluir um pintor, um pedreiro, tinta, cortinas novas e um novo piso para a cozinha, ou pode ser pequena a ponto de só incluir algumas latas de tinta, duas almofadas e este livro. Seja o que for que você tenha decidido incluir nesse projeto, certifique-se de que: considera isso um investimento no seu lar, não só no seu apartamento; investirá em qualidade, não em quantidade; não comprará nada que você não adore, que não precise ou que não tenha onde pôr; não comprará nada só porque é barato; e, se tiver dúvida com relação a alguma coisa, não hesitará em tirar isso da sua lista.

Esta semana, tudo o que você está pensando em comprar precisa estar na sua lista. Eis um exemplo de como ela deve ser:

Projeto: Decoração da sala de estar
Orçamento: 8.500 dólares
Tema: Contemporâneo, *clean*, relaxante
Estilo: Orgânico Moderno

Cômodo/Item	Nº	Descrição	Preço Estimado	Loja	Preço Real	Compra	Data de entrega e Anotações
Sala de Estar							
Sofá							
Mesinha de centro		Madeira, moderna de meados do século, MaterialDesign.com					
Poltrona pequena ou divã		Poltronas reclináveis					
Tapete de 6x9		Bubbles – Crate & Barrel					
Luminárias de pé (perto do sofá)							
Rack							
Cortinas de painel							
Varão							
Mesinha lateral							
Abajur							
Luminárias de chão							
Controle remoto							
Mão-de-obra							
Carpintaria		Tirar prateleiras, instalar prateleiras, cortinas – 4 dias $350					
Conserto do piso		Acabamento e assentamento do piso – 600 m^2 $3 por m^2					
Pintura		2 dias a $225					
Tintas							
Imprevistos							
		Subtotal		**Subtotal**			
		Taxa		Entrega			
		Entrega		**Soma total**			
		Imprevistos (+5%)					
		Soma total					

A compra

Se a sua Lista de Compras é pequena, será fácil comprar tudo esta semana, mas, se a lista é grande, organize-se e obtenha todas as informações de que precisa para tirar o máximo proveito do seu dinheiro. Eis aqui algumas dicas para as suas compras:

FAZENDO COMPRAS

Quando gasta um tempão capinando o terreno e arrancando ervas daninhas, você começa a cuidar melhor das suas plantas.

Tenha muita consciência dos novos objetos que vai trazer para a sua casa. Já que está tomando tanto cuidado para gerar uma energia boa no seu apartamento, você não vai querer comprar nada por impulso ou só para preencher espaço, enquanto procura a peça perfeita. Evite comprar por impulso.

A maior descoberta que você pode fazer a essa altura é perceber que não está com vontade de comprar tantas coisas quanto planejava. Eu tive muitos clientes que, depois de organizar e limpar a casa toda, resolveram comprar muito pouca coisa. Tive outros que ficaram muito exigentes, pois tinham receio de arruinar tudo o que tinham feito antes. Isso é bom. Não tenha medo de deixar um espaço vazio enquanto não encontra o que está procurando. Os espaços vazios são mais fáceis de limpar e sempre têm um potencial.

1. Compre tudo no mesmo dia.
2. Anote os preços finais.
3. Anote o prazo da entrega.
4. Verifique duas vezes cada item (número do modelo, tecido, etc.).
5. Compre com cartão de crédito.

Para comprar alguma coisa, você precisa de muitas informações e eu tenho certeza de que vai querer analisar todas elas em conjunto. Se comprar tudo no mesmo dia, isso será mais fácil. Comprar com cartão de crédito também é uma boa maneira de obter benefícios (milhagens, etc.), mas também garante que, em caso de haver algum problema com a compra, você tenha alguém para ajudá-lo a recuperar o seu dinheiro.

Saiu de catálogo?

Você também pode descobrir que a peça que você queria saiu de catálogo, está em falta ou não era bem o que você imaginava. Não deixe que isso desanime você, pois acontece o tempo todo. No meu trabalho com os clientes, eu descobri que sempre surgem contratempos de última hora e que isso geralmente nos dá novas oportunidades para sermos criativos.

A necessidade é a mãe da invenção. Muitas das soluções que eu tomei no último minuto foram as melhores. Por exemplo, se você planeja comprar cortinas de seda cor de creme numa certa loja e de repente descobre que elas estão em falta, escolha outra cor parecida ou outro tecido na cor que você quer. Embora você preferisse cortinas de seda, talvez as de linho fiquem ainda melhor. Quando for comprar móveis e não encontrar o que quer, descreva o seu projeto ao vendedor e peça uma opinião. Talvez a loja tenha uma solução diferente, melhor ou mais fácil que você ainda não conheça.

Você talvez se surpreenda com a rapidez com que pode encontrar alternativas e novas soluções. No caso de a entrega estar atrasada, eu sugiro que você substitua a peça por outra da loja. Caso você fique indeciso entre dois objetos, pergunte ao vendedor se não poderia experimentar os dois na sua casa antes de se decidir por um deles. Há muitas lojas que oferecem esse tipo de serviço.

Faça testes com as cores de tintas. Depois de ter escolhido três cores, compre uma latinha pequena de cada uma dessas três opções para testar esta semana. Você está agora na segunda etapa do processo de decisão. Usando um pincel e tomando cuidado para não deixar a tinta pingar, pinte dois ou três quadrados na parede usando cada uma das cores, em lugares que fiquem perto e longe das janelas. Com um lápis, marque de leve o nome da cor na parede e deixe a tinta secar.

Durante as 24 horas seguintes, examine as cores à luz do dia e à noite, sob luz artificial. As cores mudam radicalmente dependendo da luz e só dessa maneira você terá condições de saber como ficarão as paredes quando elas estiverem totalmente pintadas.

Depois de examinar as três amostras, escolha uma das três. Se nenhuma o agradar, tenha paciência e comece todo o processo outra vez. Você vai descobrir que, ao contrário da primeira vez, agora você sabe muito mais do que antes e não terá dificuldade para escolher a cor certa.

A inspiração marroquina de Meg

Meg tinha acabado de voltar do Marrocos com um desejo imenso de decorar o apartamento com as cores do norte da África. Para revestir o sofá e as cadeiras, ela tinha escolhido um tecido que combinava com as cores brilhantes de um vestido trazido da viagem, mas estava em dúvida quanto à cor das paredes. Pintar as paredes com cores chamativas não lhe parecia uma boa idéia, pois ela queria que o apartamento ficasse leve e iluminado. Depois de se inspirar na decoração que uma amiga tinha feito em casa e analisar a sua Bandeja de Estilo, ela decidiu que, para equilibrar todas as cores que desejava, ela precisaria de um tom neutro: as cores claras e arenosas do deserto.

Em alguns dias, ela já tinha vários quadrados na parede pintados em tons de branco quebrado e, alguns dias depois, outros tantos. Diante de todas as amostras, não conseguia se decidir por nenhuma cor. Para deixar a tarefa mais fácil, fizemos duas coisas: pintamos as partes da parede que ficavam perto da moldura da porta, onde ela poderia contrastar a amostra com a cor diferente da moldura, e pintamos quadrados ainda maiores, sobre uma camada de tinta branca. O fundo branco fez com que a cor da tinta ficasse mais visível, pois ela não era afetada pela cor original da parede.

A moldura branca também ajudou Meg a ver as sutilezas entre as diferentes cores e ela conseguiu superar o seu receio e a sua indecisão. O problema é que ela passou a gostar de muitas cores diferentes. No final, Meg decidiu usar várias cores, pintando um cômodo de cada cor.

Meg estava em dúvida entre vários tons de branco quebrado, o que deixou a escolha bem difícil. Eis aqui algumas dicas para facilitar a sua escolha:

1. Pinte quadrados grandes perto dos cantos do cômodo e das molduras das portas e janelas.
2. Se a cor original da parede for muito forte ou muito parecida com a que você está testando, pinte os quadrados sobre um fundo branco.
3. Se estiver muito indeciso, pinte uma faixa na parede que vá do teto até o chão.
4. Examine os tons de branco quebrado à luz do dia.

Escolher cores pode ser bem difícil, especialmente porque elas interagem com qualquer coisa que esteja nas proximidades. Isolar uma cor da outra é uma boa estratégia.

Decida de que cor pintará o cômodo. Escolha uma cor e siga adiante. Ela deve combinar com o ambiente, em termos de frio e quente, e destacar algumas das cores que já estiverem no cômodo. Ela também deve estar representada na sua Bandeja de Estilo.

Quando você tiver encontrado a cor certa para as suas paredes, provavelmente terá de escolher também uma cor e um tipo de tinta para outras superfícies. Eis aqui alguns conselhos sobre o que fazer com o teto, o rodapé e as molduras das portas e janelas, e como escolher a tinta-base e as outras tintas e vernizes.

Acabamentos

Antes de mais nada, o que são os acabamentos? Os acabamentos são os revestimentos de madeira que protegem as paredes e os cantos de qualquer tipo de dano. Essas peças são as mais atingidas por sapatos, mãos e cadeiras e por isso precisam ter uma superfície que seja fácil de limpar e consertar. Os itens a seguir são considerados acabamentos: rodapés, molduras de portas e janelas, as próprias portas e os parapeitos das janelas. A arquitetura tradicional os utiliza em profusão, mas a arquitetura moderna os considera supérfluos e faz pouco uso deles. Seja qual for o espaço em que você more, a pintura dos acabamentos influenciará o estilo da sua casa. Eis algumas dicas para escolher as cores dos acabamentos:

Visual moderno – Para obter um visual moderno, disfarce os acabamentos pintando-os da mesma cor que as paredes e diminuindo o brilho com tinta fosca ou semibrilho.

Visual tradicional – Para obter um visual tradicional, destaque os acabamentos pintando-os numa cor diferente. O branco brilhante lhe dará uma aparência de frescor, enquanto tons mais escuros do que a cor da parede lhe darão uma aparência antiga. Se usar uma cor viva em contraste com uma parede branca, eles lembrarão o estilo Shaker, em sua fase inicial.

Tetos

Todos os tetos devem ser mais claros do que as paredes. Também deve haver uma linha que marque onde acaba a parede e começa o teto. Existem tons de branco exclusivos para a pintura de tetos. Eles têm apenas um toque de cor e por isso não refletem tanto a luz nem são muito brilhantes, embora se destaquem da cor que você usar nas paredes.

Tinta-base

A tinta-base é necessária? Para ser honesto, eu raramente uso, mas isso porque encontro poucas paredes que precisem dela. Eu acho necessário usar tinta-base quando a cor da parede é muito escura ou tem manchas que podem ficar visíveis por baixo da nova camada de tinta. Também é preciso criar uma superfície mais receptiva se você estiver usando tinta látex numa parede coberta com esmalte ou que tenha sido preparada com massa corrida.

Em geral, a menos que o cômodo que você esteja pintando precise realmente de uma boa reforma na sua estrutura óssea, três demãos de tinta látex serão suficientes.

Tintas e vernizes não-tóxicos

Se você quer saber o quanto é importante manter a sua casa saudável e consumir com cautela, leia isto: o ar dos ambientes internos é três vezes mais poluído do que o ar dos ambientes externos, e é considerado pela EPA, a agência norte-americana de proteção ambiental, um dos cinco maiores perigos para a saúde humana. O mais surpreendente é que as tintas e os vernizes estão entre as substâncias que mais contribuem para a poluição nos ambientes internos.

Para combater esse mal e atender às novas regulamentações ambientais e às exigências dos consumidores, as fábricas de tintas começaram a produzir tintas ecológicas, de baixo teor de COV ou sem COV, que reduzem a quantidade de compostos orgânicos voláteis (COV) liberados no ambiente. Se você gostaria de saber mais a respeito do assunto, consulte o site do Idhea, Instituto para o Desenvolvimento da Habitação Ecológica: www.idhea.com.br.

Contudo, embora não haja dúvida de que é muito mais saudável usar tintas ecológicas, pode ser bem difícil encontrar a cor que você queira. As tintas ecológicas tendem a ter um leque de cores muito mais restrito, comparado com o das marcas comuns. Elas também podem ser mais difíceis de encontrar, embora o número de fornecedores aumente a cada dia.

Vale a pena pensar na possibilidade de usar essas tintas, especialmente se você quer incentivar os fabricantes de produtos que não prejudicam a sua casa, a sua família e o nosso planeta.

Tipos de tinta

Nas paredes internas, pode-se tanto usar a tinta acrílica quanto o látex PVA. Essa última é à base de água e mais econômica do que a acrílica. Existem três tipos de látex: o fosco, o acetinado e o semibrilho. Embora menos reluzente, o fosco esconde as imperfeições das paredes. Ele também destaca os móveis e tem cores muito mais ricas e saturadas. Por outro lado, é a tinta que mais absorve umidade e pega sujeira. Por isso evite-a em corredores ou superfícies muito usadas, como molduras de portas e prateleiras de livros.

A tinta acetinada e a semibrilho podem ser usadas na sala e nos corredores, pois facilita a conservação do ambiente e a limpeza. Ela, no entanto, deve ser usada em paredes em bom estado, pois mostra as imperfeições mais facilmente.

O esmalte é usado em superfícies de madeira e metal. Depois de aplicado, ele forma uma película bastante resistente à ação da água e da umidade. Na alvenaria também ressalta as imperfeições. Porém, a sua vida útil é maior.

Como calcular a quantidade de tinta?

É muito fácil calcular quantos galões de tinta você precisará. Para definir a área que será pintada, multiplique a altura de cada parede pelo seu comprimento, para encontrar a metragem quadrada, e depois some o resultado de todas as paredes. A área das portas e janelas deve ser subtraída da área total. A área do teto será a largura multiplicada pelo comprimento. Para saber qual é o rendimento de cada galão, consulte as especificações do produto na embalagem. Muitos websites de fabricantes de tinta oferecem sistemas para cálculo de tintas. Para isso, basta informar a tinta que será usada e o tamanho da área a ser pintada.

Capítulo 9

Sexta Semana: Terapia da Luz

"Eu quero que este cômodo fique realmente um estouro!"

Eu estava de pé na sala do apartamento de um dormitório de Jeffrey, um advogado, num bairro chique da cidade. Já fazia algum tempo que ele estava decorando o apartamento e só precisava da minha ajuda para uma única coisa.

"Quando a gente anda pelo apartamento ele parece sem graça", ele disse. "Eu quero que as pessoas entrem e fiquem realmente impressionadas."

"Você tem alguma idéia do que quer fazer?"

"Pensei em pendurar um quadro bem grande sobre o sofá e acrescentar um pouco de cor aqui e ali, mas não consigo decidir isso sozinho. Eu gostaria de saber a sua opinião."

"Bom, se quer saber, não acho que sejam idéias ruins, mas o que este ambiente realmente precisa é de mais luz."

"Você quer dizer que tenho de colocar mais abajures ou coisa parecida?"

"Mais do que isso. Em primeiro lugar, eu nunca usaria um lustre no teto como este aqui, porque ele escurece a sala. Eu acrescentaria uma luminária na área de entrada, mais duas na sala e uma sobre a mesa de jantar, na extremidade do cômodo."

"Uau! Mais quatro luzes! Isso é muito! A sala está tão escura assim?"

Eu apaguei a lâmpada do teto. Sem ela, de fato estava escuro. Jeffrey só tinha um abajur na sala de estar, enquanto o hall, a sala e a cozinha tinham lâmpadas no teto que espalhavam pela casa um brilho mortiço.

"Se você realmente quer que o seu apartamento seja um estouro, tem de se preocupar com a iluminação. Cores brilhantes e objetos bonitos só vão causar efeito se estiverem sob uma boa iluminação. Agora você não tem uma luz de verdade que possa dar destaque aos objetos."

"Eu sei o que está querendo dizer. Acho que me acostumei a esta iluminação."

"A maioria das pessoas se acostuma. Grande parte dos apartamentos que eu visito são mal iluminados. Nós nos acostumamos tão rápido a isso que logo não notamos mais."

Um mês depois, eu voltei à casa de Jeffrey. Dessa vez ele tinha feito algumas aquisições.

"Você estava totalmente certo", ele disse. "Dê uma olhada no hall de entrada."

Quando entrei, vi que Jeffrey tinha colocado um abajur de cúpula vermelho-vivo no aparador, bem em frente à porta. A luz quente do abajur brilhava no tampo cor de café do aparador e destacava o branco quebrado das paredes.

"Apesar de custar muito mais caro do que eu pensava, esse abajur realmente fez diferença. Todas as cores estão saltando aos olhos!"

"E os seus amigos? Alguém comentou alguma coisa?"

"Ah, sim. Todo mundo que vem aqui nota a diferença logo na entrada. Alguns até disseram que o meu apartamento é 'sexy', o que é bem legal. Eu não fazia idéia de que bastava acrescentar um pouco mais de luz."

Sexta semana: Tratamento intensivo

Ossos
Limpe os banheiros e os armários desses cômodos.

Respiração
Organize os gabinetes e armários.
Arrume o banheiro de modo eficiente.

Coração
Compre um aparelho de barbear e uma lâmina novos.
Compre sais de banho e um sabonete de boa qualidade.
Coloque uma vela no banheiro.
Aromatize a sua casa.

Cabeça
Planeje a semana no domingo.

Acorde cedo e tome um banho antes de ir para o trabalho.
Opcional: evite a mídia na semana que vem.
Opcional: Arrume a sua escrivaninha no trabalho.

Sexta semana: Solução para um ambiente

Finalize o projeto de iluminação.
Pinte o cômodo.

Tratamento intensivo

Ossos

Limpe os banheiros e os armários desses cômodos. Limpar o banheiro é uma tarefa muito objetiva. Você quer que a banheira, a pia e o vaso sanitário fiquem limpos, assim como todas as superfícies e o chão, mas essa tarefa nem sempre é feita da melhor maneira. Portanto, aqui vão algumas dicas:

1. Cortinas de boxe feitas de vinil podem ser lavadas na máquina de lavar, junto com as toalhas e um pouco de alvejante.
2. Coloque uma xícara de vinagre e ¼ de xícara de bicarbonato de sódio no ralo da banheira e deixe descansar por trinta minutos, para limpar o encanamento.
3. Use uma escova de dentes velha para limpar o mofo dos azulejos.
4. Lave as torneiras e enxugue-as com papel-toalha para dar lustro.

Por ser um dos cômodos mais usados da casa, o banheiro precisa não só de uma boa faxina, mas também de consertos e substituições mais freqüentes do que os outros cômodos. Esta semana você vai substituir cortinas sujas, escovas de dentes muito usadas e lâminas sem corte.

Uma invenção particularmente útil que eu também recomendo são os ganchos das cortinas de banheiro. Essas pequenas e indispensáveis maravilhas consistem em ganchos de metal que correm num cabo e tornam muito mais fácil abrir e fechar a cortina.

Respiração

Organize os gabinetes e armários. Os gabinetes dos banheiros são um dos lugares da casa que mais acumulam bagunça. Remédios e aparelhos de barba velhos podem ficar esquecidos num canto durante anos dentro desses gabinetes. Esta é a semana de organizar essa parte da casa.

Percorra todos os gabinetes do seu apartamento, eliminando qualquer coisa que se enquadre nos seguintes critérios:

1. Você não usou nos últimos doze meses.
2. Está com o prazo de validade vencido.
3. A embalagem está quase vazia.
4. Você não precisa mais.

Tire tudo de dentro dos gabinetes antes de pôr qualquer coisa de volta. Se você precisar usar a Área de Descarte, vá em frente; do contrário, jogue o objeto diretamente no lixo.

Arrume o banheiro de modo eficiente. É fácil não prestar muita atenção ao banheiro; trata-se de um cômodo pequeno, que costumamos usar rapidamente só pela manhã e à noite. Esta semana eu quero que você preste atenção nele e veja o que pode fazer para torná-lo mais prático. Eis algumas sugestões:

1. As cortinas do boxe se abrem com facilidade? Se não abrem, instale ganchos.
2. Você está satisfeito com o seu chuveiro? Uma boa ducha ou um chuveirinho com massageador podem fazer uma grande diferença no seu dia-a-dia.
3. É fácil alcançar os xampus? Tire os frascos de cima da banheira e coloque-os num porta-xampu ao alcance da mão.
4. Você gosta de se barbear no chuveiro? Então instale no boxe um espelho anti-embaçante.

Em suma, eu quero que você coloque o seu banheiro abaixo, organize-o, tire todos os produtos dos lugares visíveis e coloque cada coisa no lugar em que você mais precisa dela. Se você precisar de outro armário ou prateleira, este é o momento de providenciar isso.

Coração

Compre um aparelho de barbear e uma lâmina novos. Embora nem todas as pessoas tenham acesso a artigos de luxo como móveis caros e apartamentos amplos, elas não devem subestimar os pequenos luxos que podem ter em casa. Seja você um homem seja uma mulher, um bom aparelho de barbear ou de depilação pode tornar a vida mais fácil e agredir menos a sua pele. Esta semana, providencie um aparelho e uma lâmina novos.

Eu recomendo os aparelhos e lâminas da Gillette tanto para homens quanto para mulheres, pois acredito que eles sejam os mais bem projetados e eficientes. Quanto ao creme de barbear, fique com o mais simples. Evite grandes latas de creme. Os tubos e as latas pequenas funcionam melhor e tomam menos espaço no seu banheiro.

Compre sais de banho e um sabonete de boa qualidade. Se você não tem o hábito de usar sais de banho ou sabonetes finos, faça isso esta semana. Procure sais e sabonetes naturais sem perfume. Lembre-se, o sabonete que você comprar será usado todos os dias no seu corpo, por isso compre um de que você goste de verdade.

Coloque uma vela no banheiro. Esta semana, compre uma vela para o seu banheiro. Ela pode ter um aroma natural ou não ter perfume nenhum. A vela no banheiro lhe proporcionará uma sensação de calma nesse espaço tão movimentado e permitirá que você apague as luzes enquanto estiver mergulhado na banheira. Quando eu tenho convidados para o jantar, sempre deixo a luz do banheiro apagada e uma vela acesa para que as pessoas enxerguem onde pisam.

Aromatize a sua casa. Evite velas com aromas artificiais, desodorizantes para a casa e *potpourris* de flores. Prefira aromas naturais. Queimar incenso pode ser um jeito bem agradável de mudar a atmosfera da casa ou disfarçar o ar mofado do inverno, quando está frio demais para abrir as janelas. Em particular, acrescentar uma vela aromatizada no banheiro pode ser muito prático. Eis algumas dicas para quando for fazer compras:

1. Leia cuidadosamente o rótulo para ter certeza de que o aroma é natural.
2. Evite aromas fortes ou pesados.
3. Não compre velas baratas, pois elas não queimarão tão bem.
4. Velas de cera de abelha deixam um aroma muito sutil no ar, queimam por um longo período e supostamente combatem alergias.

Cabeça

Planeje a semana no domingo. Como parte da sua iniciativa de eliminar a sua bagunça particular e usar a sua casa mais plenamente, eu quero que, no domingo, você arranje um tempo para se sentar em casa, com agenda e calendário na mão, para planejar a semana que tem pela frente. Seja como for que você prefira organizar os seus afazeres e compromissos, é importante que faça isso em casa antes de a semana começar.

Enquanto faz isso, certifique-se de que está confortável e observe como se sente. Em vez de simplesmente relaxar em casa, essa é uma atividade de organização pessoal que também representa um investimento na sua carreira. Existe um lugar na sua casa onde você possa se sentar e fazer isso confortavelmente? Você tem à mão tudo de que precisa para cumprir essa tarefa? Lápis? Calendário? Como você se sente fazendo isso em casa, dentro do seu refúgio, e não de manhã cedo, a caminho do trabalho?

O ideal é que a sua casa seja um lugar onde você possa se refugiar do mundo para ter prazer, descansar e trabalhar em favor de si mesmo. Se você não se sente confortável fazendo isso, dê uma volta pela casa e veja o que pode fazer esta semana para que ela fique melhor a semana que vem.

Acorde cedo e tome um banho antes de ir para o trabalho. Acorde cedo pelo menos duas vezes por semana para tomar um banho de meia hora antes de ir para o trabalho. Se você quiser ler durante o banho, é só encher a banheira. Dizem que um alto funcionário do governo norte-americano toma longos banhos de banheira *toda manhã* e durante essas ocasiões ele se prepara para o dia lendo relatórios ou jornais que o ajudarão em seu trabalho. Dizem também que os seus funcionários sempre notam os respingos nos documentos durante as reuniões diárias.

Observe como você se sente quando começar a usar a sua casa plenamente, tendo tempo até para se preparar para a rotina diária fora de casa. A nossa casa muitas vezes se parece com uma estação de ônibus, onde paramos entre uma atividade e outra. Procure perceber se o hábito de fazer um planejamento semanal e levantar mais cedo ajudam você a se sentir melhor consigo mesmo.

Opcional: evite a mídia na semana que vem. Se você gostou da experiência da semana passada, quando evitou qualquer tipo de mídia durante um dia inteiro, considere a possibilidade de repetir essa prática ao longo da semana que vem. Se isso é novidade para você, será um verdadeiro desafio. Ela causará uma grande mudança nos seus padrões habituais com relação à sua casa e poderá ser extremamente desconfortável às vezes. Faça essa experiência mais uma vez e, à medida que os seus padrões forem mudando, ela ficará cada vez mais fácil.

Durante essa semana, observe o que acha das suas noites em casa. Elas estão mais agradáveis ou mais solitárias? O que você andou fazendo? Fez coisas que não fazia há muito tempo ou não soube como preencher esse tempo livre com atividades agradáveis? Observe o horário em que se sentou para jantar e foi dormir. Sem a mídia, você tem um relacionamento mais pleno com a sua casa. Se isso não lhe parece muito agradável, pense no que pode fazer para melhorar essa situação. Se esses momentos de silêncio lhe parecerem muito agradáveis, reflita um pouco sobre até que ponto a mídia é necessária na sua casa e se você poderia reduzi-la, torná-la melhor ou transferi-la para a Área de Descarte.

Opcional: Arrume a sua escrivaninha no trabalho. À medida que os seus hábitos em casa mudam, observe também os hábitos que você tem no escritório. Esta semana, reserve cinco minutos no final do dia para arrumar a sua escrivaninha. Se você não tem uma Área de Descarte no ambiente de trabalho, crie um agora. Durante esses cinco minutos, coloque todos os seus lápis e papéis no lugar certo, recoloque as pastas nos arquivos e transfira tudo o que for possível para a Área de Descarte. Observe o efeito que isso exerce sobre a sua rotina de trabalho, sobre a sua eficiência e sobre o seu estado de espírito no final do expediente.

No final da semana, reserve quinze minutos e limpe a sua escrivaninha. Isso significa tirar todos os papéis de cima dela. Todos os lápis e canetas devem estar nos seus devidos lugares, assim como todo o seu material de trabalho. Isso requer que você tome decisões sobre certas pendências. Muitas vezes deixamos coisas na nossa escrivaninha para que nos lembremos de que estamos trabalhando nelas ou que elas são as próximas da fila. Se esse for o caso, use um bloco de notas para tomar notas detalhadas sobre essas coisas de que não pode se esquecer e continue a recolocar todas as pastas e documentos no lugar. Na segunda-feira, você pode consultar o bloco de notas para saber exatamente o que fazer.

Solução para um só ambiente

Finalize o projeto de iluminação. Como eu já mencionei, a maioria das casas não é bem iluminada, o que é uma vergonha, pois a boa iluminação é um luxo que todo mundo pode bancar. Esta semana, eu quero que você faça tudo o que for necessário para deixar o seu cômodo bem iluminado. Um ambiente bem iluminado tem pelo menos três pontos de luz: um bem intenso, o outro com uma luz concentrada e o outro com um brilho mais suave.

O fluxo de luz

Quando você entra num ambiente, os seus olhos são instintivamente atraídos para as fontes de luz. As luminárias também aquecem o ambiente e criam um movimento visual em torno delas. Um cômodo que tenha apenas um foco de luz no teto não permite muito movimento e atrai o nosso olhar para cima, e não para o ambiente em que estamos.

Com uma boa iluminação, você pode criar um fluxo de luz pela casa toda, que conduza o olhar através de cada cômodo e revigore o espaço. Num ambiente mais sofisticado, até a intensidade das luzes varia: ela vai da luz forte, característica dos abajures para leitura ou execução de tarefas, até as luzes difusas das velas e das iluminações indiretas, como as luminárias com pé ou de mesa.

Os melhores projetos de iluminação estão geralmente em restaurantes finos, onde os designers de interiores estão bem conscientes do fluxo e do movimento visual que querem promover. Nesse tipo de estabelecimento, a iluminação básica consiste em luz indireta para iluminar o ambiente, com arandelas nas paredes ou *spots* no teto. Também são usadas várias lâmpadas menores para valorizar pontos específicos como mesas, aparadores e bares. Velas sobre as mesas também dão um toque acolhedor ao ambiente, com suas pequenas chamas de luz bruxuleante. Embora os restaurantes costumem ficar mais na penumbra do que gostaríamos que a nossa casa ficasse, eles oferecem excelentes exemplos de fluxo de luz e dão idéias que você pode aplicar na sua casa.

Por fim, convém acrescentar que, para melhorar a iluminação da sua casa, você não precisa se limitar a comprar um novo abajur. Você pode usar a sua criatividade e incrementar a iluminação de várias maneiras diferentes: instalar um ponto de luz na parede, passar uma extensão pela sala ou por debaixo do tapete ou contratar um eletricista para embutir um novo fio na parede. Nas seções a seguir, darei mais detalhes sobre cômodos específicos e alguns tipos de iluminação. Siga as instruções dadas aqui esta semana e faça qualquer mudança necessária para melhorar a iluminação do seu cômodo.

Sala de estar

A sala de estar geralmente é o maior cômodo da casa e por isso é o que precisa de mais luz. Para uma configuração básica, eu recomendaria um abajur de mesa de cada lado do sofá e um abajur de leitura ao lado de uma poltrona, de frente para o sofá.

Se quiser mais luz, acrescente uma luminária com pé ou um *spot* no teto, dirigindo a luz para as paredes. Para que a iluminação fique mais marcante e destaque uma sala com paredes bonitas, coloque *spots* no piso, com a luz dirigida para os cantos, iluminando a parede.

Cozinha

A cozinha deve ter iluminação no teto e sobre a bancada. Embora a cozinha seja o único cômodo em que a iluminação de teto é indicada, a iluminação sobre as bancadas aquece o ambiente e é muito útil na hora de cozinhar. Se você preferir instalar você mesmo essas luminárias, não terá dificuldade de encontrá-las em lojas especializadas ou de material de construção e instalá-las com parafusos.

No teto, funcionam muito bem tanto o trilho eletrificado, que dirige o facho de luz para os cantos, quanto a luminária de teto, que espalha uma luz difusa pelo ambiente. A luz fluorescente deve ser evitada. Embora muitas cozinhas tenham lâmpadas fluorescentes, esse tipo de lâmpada produz uma luz fria e pouco atraente e, portanto, deve ser substituída sempre que possível.

Escritório

Todos os ambientes de trabalho precisam ser muito bem iluminados. As chamadas luminárias de trabalho são as mais eficientes e diminuem o brilho da tela do computador, mas podem deixar o ambiente com um indesejável ar de escritório. Por isso eu recomendo que você compre uma luminária de trabalho bonita ou duas luminárias de mesa pequenas, uma para cada lado da escrivaninha. As luminárias de mesa dão à escrivaninha um toque de formalidade muito elegante e tiram do ambiente o ar de escritório.

Sala de jantar

O ideal é usar arandelas nas paredes ou um abajur no aparador e luz de velas sobre a mesa de jantar. Quando não estiver recebendo visitas para jantar, você pode colocar sobre a mesa um abajur bem bonito, que iluminará a sala e diminuirá a sensação de que se está numa sala de jantar, permitindo que você use a mesa para outros fins. Os lustres ou luminárias pendentes são uma ótima opção para iluminar a sala de jantar sem tomar espaço na mesa. Esse tipo de acessório pode ser instalado com facilidade, caso você já tenha uma instalação elétrica no teto.

Hall de entrada

O hall de entrada deve ter dois focos de luz: um no teto, que irradie uma luz difusa, e uma luminária de mesa com uma lâmpada forte para iluminar a Pista de Pouso. Essa segunda luz é extremamente importante, pois, sem ela, você não vai parar para examinar a correspondência. Essa luminária de mesa permitirá que o hall de entrada trabalhe a seu favor.

Dormitório

Os dormitórios devem ter uma luz de leitura de cada lado da cama e pelo menos outro foco de luz, geralmente sobre uma mesa em frente à cama. As luzes de leitura devem ficar ao alcance da mão e proporcionar iluminação suficiente para que você leia na cama. Essas luminárias têm um papel importante, pois são as últimas luzes que você apaga quando vai dormir.

Embora as luminárias de mesa sejam as mais bonitas, as arandelas e lâmpadas de parede são modernas e cheias de estilo, além de não ocupar espaço. Também não é difícil instalá-las. Nos dormitórios em que não há muito espaço ao redor da cama, as arandelas são a solução ideal.

Closets e armários embutidos

Todos os closets e os armários embutidos deveriam ter iluminação interna, mas muitos não têm. As lâmpadas de armário são fáceis de instalar e proporcionam uma bela iluminação indireta quando eles são fechados com cortinas em vez de portas. A iluminação interna também torna muito mais fácil a organização e eliminação da bagunça.

Um jeito fácil de iluminar os closets e os armários embutidos é comprar um suporte para lâmpada feito de cerâmica e com uma correntinha para puxar. Depois basta ligá-lo numa tomada e instalá-lo no teto do armário. O fio também pode ser pregado ao longo da parede, junto à moldura da porta, e ligado à tomada mais próxima. Os closets e armários embutidos maiores devem ter de dois a três pontos de luz.

Para ter bastante luz dentro dos closets e dos armários embutidos, use lâmpadas halógenas. Se preferir um ponto de luz na parede dos fundos do armário (isso é útil se houver prateleiras e você quiser luz em cima e embaixo delas), use uma lâmpada de bulbo cromado, que não ofuscará a vista e deixará o ambiente com muito mais estilo.

Dimmers

Os *dimmers* são uma parte essencial de toda sala de estar e de jantar. Eles permitem que você tenha uma iluminação básica, mas com múltiplas variações, da mais intensa, para o trabalho, até a mais suave, para momentos especiais. É muito fácil instalar um *dimmer* na tomada e eles são muito baratos.

Existem *dimmers* para luminárias de mesa que você só precisa ligar ao fio do abajur. Esse tipo de *dimmer* geralmente fica no chão e serve como um fio extensor entre o abajur e a tomada. Eles costumam ser mais baratos ainda e são fáceis de encontrar em lojas de material elétrico.

Trilho eletrificado

Eu gosto do trilho eletrificado. Apesar de ter a má reputação de ser um remanescente dos embalos dos anos 60 ou dos *hightech* anos 90, o trilho eletrificado é extremamente prático, além de proporcionar uma bela luz indireta quando *os focos de luz são dirigidos para a parede*. As pessoas costumam usar mal esse tipo de iluminação, pois dirigem os *spots* para o centro do cômodo. O trilho eletrificado só deve ser usado para iluminar as paredes, pois ele reflete de volta para o ambiente a cor das paredes.

O trilho eletrificado também é relativamente barato e fácil de instalar. Alguns são instalados com a ajuda de fios grampeados nas paredes. Se já existirem instalações elétricas no teto, um eletricista pode instalar um trilho eletrificado em questão de horas. Caso contrário, ele pode fazer toda a instalação (o que sairá mais caro).

Cordões de luz, *spots* de piso e luzinhas natalinas

Use a imaginação quando estiver pensando em iluminação. É difícil exagerar quando se pensa em luzes e eu estou sempre encontrando novos tipos de iluminação e novas maneiras de iluminar partes diferentes da casa dos meus clientes. Uma recente descoberta chama-se *cordão de luz*.

O cordão de luz consiste num fio de lampadazinhas revestido com um tubo de plástico transparente com o diâmetro de uma mangueira fina. Ele é flexível, durável e à prova d'água, por isso é muito usado na parte externa de restaurantes e clubes noturnos, em volta das janelas e dos pilares ou iluminando um porta-cardápio. O cordão de luz é uma boa opção para iluminar lugares de difícil acesso, como o alto dos gabinetes da cozinha, o assoalho de armários embutidos (para facilitar a localização dos sapatos) ou a parte de trás das adegas. O cordão de luz é vendido por metro em lojas de material elétrico ou de luminárias e é relativamente barato.

Os *spots* de piso são projetores redondos fixados no chão, cujo facho de luz é dirigido para o teto. Essas luminárias de preço acessível são muito úteis para iluminar as paredes da sala de estar e da sala de jantar. Elas também ficam muito bonitas iluminando cortinas, ao lado de janelas altas. Por atrair o olhar do chão para o teto, elas dão a impressão de que o teto é mais alto e o cômodo, maior.

As luzinhas natalinas são baratas e causam um efeito marcante, deixando qualquer cômodo com um ar festivo. Usadas como os cordões de luz, elas podem ser coladas na parede com fita adesiva ou grampeadas no interior de closets, em volta dos gabinetes da cozinha ou sobre a porta da frente. Se estiver dando uma festa, você pode prendê-las no teto e deixar as pontas caídas. Você pode fazer praticamente qualquer coisa com essas lampadazinhas, inclusive enrolá-las no tronco de uma árvore.

Lâmpadas com bulbos cromados

As lâmpadas com bulbo cromado são uma outra grande descoberta. Elas consistem em lâmpadas comuns de vidro transparente que dão a impressão de que foram mergulhadas em prata líquida até a metade. A extremidade do bulbo é bloqueada com uma camada prateada que faz com que a luz seja refletida para trás, na direção da parede. Isso significa que, se você olhar diretamente para ela, os seus olhos não serão ofuscados. Elas são uma fonte simples e perfeita de luz indireta!

As lâmpadas com bulbo cromado são ideais para banheiros ou para qualquer lugar onde a lâmpada fique visível. Como elas não precisam de um lustre ou de nada parecido, os designers de interiores costumam usá-las em série nas paredes. O uso de um soquete de cerâmica com uma lâmpada desse tipo, refletindo a luz de volta para a parede, produz um efeito muito industrial e charmoso.

Lâmpadas halógenas

As lâmpadas halógenas, que irradiam uma luz muito mais intensa, podem ser usadas em qualquer lugar onde você queira projetar a luz através de um determinado espaço. Por exemplo, as lâmpadas halógenas são excelentes para instalar embaixo dos gabinetes da cozinha e também no hall de entrada, onde convém que a luz ilumine o chão. Elas também ficam excelentes quando embutidas no chão, com o facho de luz voltado para o teto.

Lâmpadas luz do dia ou de "espectro total"

Eu costumo usar as lâmpadas de bulbo leitoso na maioria dos casos, mas em interiores com pouca luz natural, eu prefiro usar as lâmpadas luz do dia ou de "espectro total". Essas lâmpadas produzem uma luz com um espectro mais próximo ao da luz do sol. Na minha opinião, elas são mais revigorantes do que as lâmpadas comuns e parecem agradar mais as pessoas durante os meses de inverno, quando o tempo costuma ficar mais nublado. Essas lâmpadas são muito mais caras do que as comuns, portanto, use-as com moderação.

Pinte o cômodo. Embora você possa começar a pintura em qualquer etapa do Tratamento de Oito Semanas, caso não tenha começado ainda, esta é a semana certa para fazer isso. Você já deve ter escolhido a cor e comprado a tinta. Tudo o que você precisa agora é reservar um período do dia em que as lojas estejam abertas (o sábado é excelente), só para o caso de ter esquecido algo e precisar correr até a loja no meio do dia.

Se você contratou um pintor, eu recomendo que prepare o ambiente, protegendo tudo que seja de valor. Na maior parte das vezes, basta enrolar os tapetes e afastar os móveis das paredes. Se você tem quadros nas paredes ou cortinas nas janelas, remova-os e guarde-os em outro cômodo. Se você tem livros em prateleiras que serão pintadas, passe-os para o sofá para que fiquem a salvo. Peça que o pintor cubra tudo e depois limpe os respingos de tinta do chão.

Faça você mesmo

Se é você quem vai pintar o cômodo, eu recomendo que primeiro se prepare para isso. Peça a orientação dos amigos ou na loja de tinta do seu bairro, se necessário. Eis algumas dicas:

1. Use um rolo com o revestimento certo – os mais grossos para superfícies mais rústicas, como tijolos, e os mais finos para superfícies mais planas, como paredes rebocadas.
2. Use tinta látex quando quiser uma tinta de odor mais suave, que seque rápido e cubra qualquer superfície.
3. Use tinta a óleo só em assoalhos, ambientes externos ou em superfícies que precisam de uma cobertura mais resistente, como esquadrias e prateleiras.
4. Compre uma escova com cerdas de aço para limpar os seus pincéis.
5. Lave os pincéis depois de usá-los e deixe-os secar com as cerdas para baixo.
6. Se usar tinta látex, você pode adiar a limpeza dos pincéis por algumas horas, caso os embrulhe bem firme em filme plástico.
7. Se estiver usando tinta a óleo, você pode adiar a limpeza dos pincéis para o dia seguinte, se forem embrulhados em filme plástico.

A tarefa de pintar a casa fica muito mais agradável se você fizer um bom planejamento e depois fizer tudo na ordem certa. Eis a ordem em que eu sempre faço a pintura:

LIÇÕES BÁSICAS SOBRE PINTURA

1. Organização
   a. Vista uma roupa velha.
   b. Coloque os móveis no centro do cômodo.

c. Limpe o cômodo com um aspirador, uma vassoura e um pano úmido.
d. Tire todas as peças de decoração e ganchos da parede.
e. Cubra o chão com uma proteção.
   i. Use plástico para trabalhos pequenos.
   ii. Prenda o plástico de proteção nas paredes com fita adesiva em caso de trabalhos grandes.

2. Preparação
   a. Lave o peitoril das janelas e todas as áreas muito sujas.
   b. Preencha todos os buracos com estopa e serragem.
   c. Passe uma lixa nas partes ásperas da parede.

3. Pinte de cima para baixo
   a. Pinte o teto primeiro
      i. Use tinta-base se necessário.
      ii. Use um pincel para pintar a linha divisória entre o teto e a parede.
      iii. Pinte com o rolo no centro (uma ou duas demãos).
   b. Depois as paredes
      i. Use tinta-base se necessário.
      ii. Use um pincel para os cantos e junto às portas, ao rodapé e ao teto.
      iii. Pinte com o rolo no centro (duas ou três demãos).
      iv. Se estiver usando cores fortes ou vermelho, será necessário mais uma demão.

c. Os acabamentos ficam por último
   i. Comece com as partes mais complicadas (prateleiras e molduras das janelas, por exemplo).
   ii. Termine com as superfícies lisas e retas (rodapés, batentes das portas).

4. Limpeza
   a. Tire do cômodo todos os apetrechos de pintura.
   b. Tire a proteção do chão.
   c. Passe o aspirador e tire o pó.
   d. Coloque a mobília no lugar.
   e. Tire a roupa velha e tome um banho.

Capítulo 10

Sétima Semana: O Espaço Sagrado

Elizabeth e Colin não estavam felizes com o apartamento onde moravam. Além do mais, eles não estavam dormindo bem, por isso me pediram que eu fizesse por eles tudo o que fosse necessário. Embora todo o apartamento precisasse passar por mudanças, o quarto do casal era o que mais precisava ser renovado. O que eu não sabia na época, mas vim a saber depois, é que eles estavam tentando ter um filho fazia cinco meses.

"Não sabemos por que não estamos dormindo bem, mas achamos que é porque a cama range", disse Colin.

Elizabeth completou, "É uma cama antiga e todas as peças são de madeira. Ela faz barulho até mesmo quando viramos na cama à noite".

Quando dei uma olhada na cama, várias coisas chamaram a minha atenção: o quarto estava cheio de revistas que eles liam na cama, havia roupas sujas espalhadas, um dos abajures que ficavam na mesinha de cabeceira estava quebrado e havia uma porta de armário embaixo da cama que estava coberta de poeira. Tudo isso estava disfarçado pelo bom gosto do casal nos quesitos estilo e decoração, o que dava uma certa elegância ao dormitório.

"Eu dei uma olhada na cama", disse a eles. "Mas devo dizer que aquele quarto todo é uma bagunça. Não estou surpreso que vocês não durmam bem."

"Ele de fato precisa de uma boa limpeza, mas esse não é o maior problema", disse Colin.

"Para você talvez não seja", retrucou Elizabeth, "mas para mim é. O problema é que, afora o tempo que estamos na cama, passamos tão pouco tempo no quarto que nunca cuidamos dele de verdade."

"Então, eis a sua chance. O próprio fato de vocês não estarem dormindo bem já é uma pista de que algo não vai bem – além do fato de a cama ranger. Pensem no quarto de vocês como o cômodo *mais* importante da casa. Pensem nele como um local sagrado."

Apesar da minha frase de efeito, eu só vi um grande vazio no olhar do casal. Tentei ser mais claro.

"Eu quero que vocês dediquem mais tempo à tarefa de deixar este quarto bonito outra vez. Vocês precisarão fazer uma limpeza, arrumar a bagunça e consertar o que for preciso. Tudo isso não deve levar mais do que duas ou três horas. Será que podem fazer isso esta semana?"

"Tudo bem", disse Colin.

Elizabeth olhou para o marido. "Não pense que vai escapar dessa. Você vai me ajudar com tudo isso", ela disse com um sorriso.

Eu consertei a cama nesse mesmo dia e Elizabeth e Colin prometeram fazer um tratamento intensivo no quarto ao longo da semana. Quando nos vimos novamente, a dificuldade para dormir já não era um problema. Colin atribuía isso ao fato de a cama não ranger mais. Elizabeth, contudo, achava que era porque o quarto nunca tivera uma aparência e uma atmosfera tão agradáveis. O abajur da mesinha de cabeceira tinha sido substituído, pois não tinha conserto. A porta do armário que ficava debaixo da cama tinha sido despachada para um depósito e uma bonita cesta tinha sido comprada para armazenar uma parte das revistas que ficavam espalhadas pelo quarto.

Alguns meses depois, eu recebi um telefonema de Colin.

"Estamos dormindo mal outra vez", ele disse. "Mas desta vez a culpa não é do quarto."

"Qual é o problema, então? Há alguma coisa errada?"

"Você se lembra de toda aquela história sobre o quarto ser um espaço sagrado e que o nosso não estava sendo tratado desse jeito?"

"Lembro."

"Bem, tenho de admitir que na época eu não engoli muito bem todo aquele papo *new age*, mas agora que Elizabeth está grávida, eu acho que sei o que você quis dizer."

"Elizabeth está grávida? Uau! Parabéns, Colin!"

"Obrigado, mas eu quero agradecê-lo por nos ajudar. Eu percebi que tratava o nosso quarto do mesmo jeito que tratava o meu dormitório na universidade: um lugar onde eu podia me refugiar e descansar. Mas ele é muito mais importante quando você o divide com outra pessoa."

Eu concordei com ele.

"Agora eu gostaria que você nos ajudasse a redecorá-lo."

"Por quê? Ele está bom agora, não está?"

"Está, claro, mas agora que eu sei o segredo, eu poderia deixá-lo ainda melhor para aumentarmos a nossa chance de ter mais um filho."

Eu pude ouvir a risada de Elizabeth ao fundo, dizendo a ele para parar de falar besteiras e desligar o telefone.

Sétima semana: Tratamento intensivo

Ossos
Limpe o quarto e os armários e gavetas.
Compre um filtro de ar para o quarto.
Compre lençóis novos, almofadas ou um colchão novo, se necessário.

Respiração
Arrume a bagunça do quarto.
Coloque a cama encostada na melhor parede.

Coração
Deixe o quarto de um jeito que inspire você.

Cabeça
Procure maneiras de melhorar o seu sono.
Opcional: Faça o necessário para eliminar da sua cama os fatores que causam alergia.

Sétima semana: Solução para um ambiente

Limpe todos os cômodos que receberam pintura.
Arrume os móveis e a iluminação.
Deixe todos os fios elétricos em ordem.
Pendure todos os quadros.

Tratamento intensivo

Ossos

Limpe o dormitório e os armários e gavetas. Embora quase nunca escolhamos uma casa com base no dormitório, deveríamos fazer justamente isso. Esse é o cômodo mais importante da casa. É onde você passa a maior parte do tempo quando está em casa e onde a sua saúde é mais afetada, caso não durma bem.

Quando limpar o seu quarto esta semana, não se preocupe apenas com as roupas que não usa, os CDs velhos e os sapatos; preste atenção também na poeira acumulada e nos alergênicos que podem perturbar o seu sono e deixar o seu nariz entupido à noite. Lave os lençóis, os travesseiros e todas as superfícies, principalmente os pontos menos acessíveis, como o espaço embaixo da cama, as gavetas e o assoalho dos armários. Eis uma lista de tudo o que você tem de fazer:

1. Lavar os lençóis, a capa do colchão, o edredom, os cobertores, os travesseiros, etc.
2. Passar o aspirador no quarto todo, inclusive nos armários e especialmente embaixo da cama.
3. Tirar o pó de todas as superfícies e limpar as janelas.
4. Virar o colchão.
5. Comprar:
    a. Um protetor de colchão anti-ácaro.
    b. Capas de travesseiro anti-ácaros.
    c. Um filtro de ar pequeno e silencioso para o quarto.
    d. Lençóis divertidos ou elegantes e capas de almofadas, se precisar de conjuntos novos.

6. Lave tudo o que comprou antes de usar, arrume a cama e deixe o quarto em ordem.

Compre um filtro de ar para o quarto. Se pensarmos em quanto tempo passamos dormindo, constataremos que o dormitório é o cômodo mais importante para se ter um purificador de ar. Se você ainda não tem, compre um pequeno esta semana.

Se você já usou um filtro de ar e teve oportunidade de abri-lo depois de alguns meses para ver toda sujeira que ele acumulou, sabe por que é tão importante usá-lo nos ambientes urbanos. O ar da cidade é sujo. Além disso, durante os longos meses de inverno, quando raramente abrimos as janelas, o pó se acumula dentro de casa e o ar fica abafado.

Se o barulho do purificador incomoda você, desligue-o à noite e deixe-o ligado durante o dia ou compre um modelo mais silencioso.

Compre lençóis novos, almofadas ou um colchão novo, se necessário. Uma cama boa é um luxo acessível que toda casa deveria ter. Esta semana, verifique o seu colchão, os travesseiros, os lençóis e o edredom. Se qualquer uma dessas peças estiver puída ou desbotada, remova-a para a Área de Descarte.

Para manter a sua cama em boas condições, vire o colchão todo mês e substitua os lençóis e o protetor de colchão depois de alguns anos de uso. Os colchões duram bastante se cuidarmos bem deles. Um colchão comum usado diariamente costuma durar de oito a dez anos.

Respiração

Arrume a bagunça do quarto. Quando moram em apartamentos pequenos e apertados, as pessoas costumam usar o quarto como um depósito, pois ele fica longe dos olhos das visitas. Também existem aquelas que, por querer um espaço maior para fazer de escritório, colocam uma escrivaninha no quarto, junto com um computador e um telefone, onde podem trabalhar até altas horas. Se não bastasse isso, muitos quartos ainda têm uma televisão. Nada disso é recomendável, por isso você deve evitar.

Diferentemente dos outros cômodos, o quarto deve ser um ambiente particular sempre belo, tranqüilo e limpo. É ali que você começa uma família, descansa do mundo lá fora e pode se refugiar quando quer um pouco de paz. Por isso, reserve algum tempo esta semana para tirar do quarto tudo o que for estimulante e que impeça você de ter uma boa noite de sono.

É sempre necessário fazer um aparte neste ponto para responder àqueles que se perguntam onde o erotismo e o prazer entram nessa história. Embora esse seja o segundo papel do quarto, para ser *sexy* ele não precisa ser necessariamente uma alcova vermelho-sangue, com espelhos, velas e música sensual. Se o seu quarto é confortável, reservado e bonito o suficiente para lhe proporcionar um bom descanso, ele também cumprirá muito bem as suas outras funções. Um quarto bonito é *sexy*, e comentaremos mais a esse respeito na seção seguinte.

Coloque a cama encostada na melhor parede. Quando estiver decidindo onde deixar a cama, considere a possibilidade de encostá-la numa parede longe de portas e janelas. Se possível, os seus pés devem ficar voltados para a porta, de modo que você possa ver quem entra no quarto quando estiver deitado. Isso faz com que você fique na posição mais favorável do quarto e o mantém a salvo de fluxos energéticos mais fortes, que podem perturbar o seu sono. Para que o quarto fique mais prático e harmonioso, instale abajures de leitura dos dois lados da cama.

Sempre que possível, faça com que o seu quarto provoque uma sensação de amplitude e movimento quando você entra nele. Não importa o quanto o espaço é pequeno, eu quero que você dê a si mesmo um presente e torne o seu quarto o mais majestoso possível. Imagine que você seja um rei ou uma rainha e esse seja o seu aposento real. Onde um rei ou uma rainha gostaria de colocar a cama?

Coração

Deixe o quarto de um jeito que inspire você. Os dormitórios não servem apenas para dormir. Depois que deixou o seu quarto limpo, confortável e saudável, você vai querer que ele fique bonito também. Na verdade, você vai querer que ele fique mais do que bonito: vai querer que ele fique *sexy*.

Uma cliente minha acha os quartos masculinos incrivelmente *sexies* e se recusa a sair com um homem cujo quarto ainda se pareça com um alojamento universitário. Eu também já sei que muitos dos meus clientes do sexo masculino sabem da importância de um quarto bonito para o sucesso de um encontro romântico. Isso não significa que você tenha de limpar o quarto de alto a baixo toda vez que sair com uma garota. Significa que você tem de ter cuidado com a sua vida particular a ponto de ter um quarto bonito que agrade outras pessoas.

Seja solteiro ou casado, todo mundo merece um refúgio bonito e *sexy*, e essa é a sua tarefa esta semana. Eis algumas dicas que podem ajudá-lo a realizá-la:

1. Instale um *dimer* nos abajures das mesinhas de cabeceira.
2. Compre um conjunto de lençóis bonitos e um edredom.
   a. Se for verão, opte por cores claras e tropicais.
   b. Se for inverno, prefira cores escuras e quentes.
3. Deixe uma garrafa de água, um copo e um vasinho de flores ao lado da cama.
4. Coloque uma vela votiva pequena ou uma vela de cera de abelha ao lado da cama.
5. Compre um despertador pequeno e bonito para deixar na mesinha de cabeceira.
6. Pense na possibilidade de instalar uma bela cabeceira na sua cama.
7. Compre um robe luxuoso.

Conforto e praticidade são o que você deve almejar no seu quarto, por isso reproduza no seu quarto o que você adoraria encontrar se fosse se hospedar num spa ou num hotel cinco estrelas.

A escolha dos lençóis

Eu recomendo lençóis extravagantes. Compre o lençol mais bonito e macio que você pode pagar e escolha cores alegres. Evite comprar todos da mesma cor; faça uma mistura. Uma combinação de duas ou três cores funciona muito bem – você pode se inspirar em fotos de catálogos ou pode inventar as suas próprias combinações. Na maioria dos casos, vale acrescentar um pouco de branco às outras cores. Só tome cuidado para se ater à paleta de cores quentes ou frias.

Cabeça

Procure maneiras de melhorar o seu sono. Como o principal propósito do quarto é proporcionar uma boa noite de sono, é importante que você tome todas as providências necessárias para garantir isso, especialmente se tem dificuldade para dormir.

A luz, mais do que o barulho, atrapalha o sono, por isso o quarto deve ser escuro à noite e nenhuma luz pode ficar visível. Cortinas e persianas são a opção ideal para as janelas, mas alguns clientes juram que a melhor solução ainda é a máscara de dormir.

As pessoas podem se adaptar ao barulho, mas é melhor eliminar o barulho da rua e dos carros. As janelas anti-ruído costumam ser caras, mas são extremamente eficientes. Muitas pessoas também costumam dormir ouvindo música, para não perceber barulhos mais fortes e desagradáveis, vindos da rua.

Embora eu geralmente durma bem, tenho dificuldade para dormir no domingo à noite, depois de ficar acordado até tarde na sexta e no sábado. Eu passei muitas segundas-feiras cansado e sonolento antes de descobrir as *pílulas de melatonina.* A melatonina é um hormônio natural que regula o sono e os suplementos de melatonina ajudam a induzir o sono, permitindo que você durma na hora em que quiser. A melatonina é considerada uma das substâncias menos tóxicas que se conhece e já provou que é extremamente segura quando tomada ocasionalmente, na dosagem recomendada. Há muitos anos eu costumo usá-las uma vez por semana e são muito úteis para mim.

Opcional: Faça o necessário para eliminar da sua cama os fatores que causam alergia. Nos empoeirados apartamentos da cidade, os ácaros podem se tornar um problema, agravando as alergias. Para garantir que a sua cama fique livre dessas criaturas microscópicas e aliviar qualquer alergia ou problema respiratório que você possa ter, proteja os travesseiros e o colchão com capas antiácaro. Isso também resolve caso você tenha alergia a penas.

Para se proteger contra substâncias tóxicas usadas regularmente no algodão e na produção têxtil, use lençóis e cobertas de algodão orgânico. As roupas de cama ecológicas, embora não tenham um estilo ou leque de cores maravilhoso, são mais saudáveis e confortáveis para dormir.

Solução para um ambiente

Limpe todos os cômodos que receberam pintura. A maior parte do trabalho de pintura consiste na preparação e na limpeza. Se você pintou ou fez algum tipo de instalação no cômodo, esta semana deve começar a faxina.

Sempre que conclui qualquer tipo de trabalho no interior da casa, você precisa tomar certas providências para deixar o cômodo pronto para uso. Mas, se você tentar fazer tudo de uma vez, pode ficar exausto ou não fazer um bom trabalho. Por isso será mais fácil seguir um roteiro simples de limpeza. Primeiro guarde todas as ferramentas e apetrechos, sem esquecer de limpá-los e organizá-los, para que seja fácil usá-los da próxima vez. Depois limpe o cômodo, livrando-se de peças grandes como caixas vazias antes de limpar o chão e as superfícies.

Primeiro as ferramentas

Guardar as ferramentas é a primeira providência a tomar depois de executar qualquer trabalho. Quando eu trabalhava para empreiteiros, a primeira coisa que a nossa equipe fazia no final de cada dia era guardar as ferramentas e depois limpar o local. As cordas eram cuidadosamente enroladas, os equipamentos elétricos eram desligados e as caixas de ferramentas, arrumadas e fechadas. Nós não tomávamos cuidado apenas com as nossas coisas, mas também com as ferramentas da pessoa que nos contratava, pois ela tinha nos dado uma oportunidade de trabalho e precisávamos dela para nos dar uma próxima. As ferramentas bem guardadas duram muito mais.

Faxina pesada

Uma faxina cuidadosa no cômodo reformado protegerá os móveis e o resto da casa. Em primeiro lugar, cuide das peças grandes como caixas, plásticos para cobrir o chão e móveis. Providencie um saco de lixo bem grande para que possa jogar tudo ali dentro sem fazer um rastro de sujeira e entulho pela casa. As caixas que você pretende reciclar também devem ser retiradas do apartamento, antes de serem cortadas ou desmontadas.

Faxina leve

Depois que você reforma um cômodo, ele pode ficar bastante empoeirado. Eu recomendo que você tire o pó das superfícies e passe o aspirador; em seguida passe um pano molhado no chão.

Só depois de fazer tudo isso você deve começar a pôr os móveis no lugar.

Arrume os móveis e a iluminação. Esta semana, confirme a data de entrega dos móveis que comprou. Quanto mais rápido eles chegarem, mais rápido a sua casa ficará pronta. Se demorarem a chegar, você não terá tempo suficiente para arrumá-los de modo a deixar a sua casa confortável.

Tapetes

Antes de arrumar os móveis, você precisa colocar os tapetes no lugar. Como alguns tapetes são pesados, primeiro coloque o látex antiderrapante no chão e só depois desenrole o tapete sobre ele. Se você precisar virar o tapete, basta pegar numa borda, levantá-la e abaixá-la rapidamente algumas vezes para criar um colchão de ar sobre ele e depois puxá-lo na sua direção. Se fizer isso, será muito fácil virar o tapete em qualquer direção.

A borda do tapete deve ficar a uma distância de cinco centímetros das pernas do sofá ou embaixo das duas pernas da frente, a meio caminho das pernas de trás. Não é necessário que as quatro pernas do sofá fiquem sobre o tapete.

Móveis

Mudar os móveis de lugar não é uma tarefa difícil caso eles não sejam muito pesados. No entanto, se você estiver tentando mover um objeto pesado sozinho, tome cuidado, pois pode machucar as costas, estragar o móvel ou riscar o chão. Eis algumas dicas para ajudá-lo nessa tarefa:

1. Antes de mudar cômodas de lugar, tire as gavetas. Assim a sua tarefa fica muito mais fácil.
2. No caso de móveis pesados, coloque embaixo um tapete ou toalha para que ele deslize com mais facilidade. Erga ligeiramente o móvel quando o estiver puxando ou empurrando.
3. Se você precisar transportar uma cama ou um sofá através de uma porta muito estreita, desmonte o móvel. As pernas do sofá geralmente podem ser desatarrachadas e todas as camas podem ser desmontadas.
4. Se riscar o chão, pingue óleo de oliva num pano e esfregue com ele o local riscado.

Quando for mudar a posição dos móveis, deixe a planta baixa num lugar visível e mude os objetos maiores primeiro, tomando cuidado para que eles fiquem centralizados. Isso significa que os móveis da sala de estar devem ficar centralizados sobre o tapete, as poltronas devem ficar centralizadas com relação ao sofá e a mesinha de centro, e nenhuma peça deve ficar solta no ambiente.

Além disso, observe se os móveis não ficaram muito próximos uns dos outros. Deixe que o cômodo todo respire. Deixe um espaço entre a parede e o sofá ou as poltronas para que eles possam respirar; e a mesinha de centro nunca pode ficar próxima demais das poltronas e do sofá. Disponha os móveis de maneira que a sala fique confortável. É preciso que o espaço entre os móveis seja ao mesmo tempo conveniente e grande o bastante para que as pessoas se movimentem livremente entre eles.

Iluminação

A disposição das luminárias segue a planta baixa. Certifique-se de que nenhum cabo tenha ficado à mostra e que a emenda da cúpula dos abajures esteja voltada para trás. Centralize os abajures e coloque-os na parte de trás das mesas, deixando um espaço livre na frente.

Verifique a disposição dos abajures à noite, para ver se o ambiente está bem iluminado. Se você colocou um abajur em cada lado do sofá ou poltrona, ou está usando *spots* embutidos no chão, dê alguns passos para trás e veja como eles estão iluminando as paredes. As sombras podem ser muito bonitas, mas elas têm de estar em equilíbrio. Não devem ser nem profundas nem assimétricas, pois isso deixa o ambiente desconfortável.

Deixe todos os fios elétricos em ordem. Depois que tudo estiver no lugar, talvez você note que os fios elétricos estão emaranhados e passando uma impressão de desordem. Agora é hora de realizar a desagradável tarefa de desembaraçar os fios, escondê-los ou grampeá-los na parede. Depois que finalizar esse cômodo, você não vai querer entrar atrás do sofá outra vez para resolver esse problema.

No caso de computadores e aparelhos de som, a melhor maneira de manter os fios sob controle é prendê-los uns aos outros com a ajuda de um prendedor, de modo que fiquem todos juntos. Os anéis de plástico que fechamos em torno dos fios são uma boa opção, mas têm um inconveniente:

você precisará cortá-los se quiser mudar alguma coisa. Existe um tipo de presilha com velcro e um anel flexível que você consegue pôr e tirar com facilidade. Você pode encontrá-los em grandes casas de material para construção.

Pendure todos os quadros. Essa é a última coisa que você deve fazer. Essa tarefa prazerosa é um "coroamento" do cômodo, por assim dizer, por isso escolha bem onde vai pendurar cada quadro, em vez de colocá-los em qualquer lugar. Se você planeja pendurar quadros ou fotografias que ficaram muito tempo guardados, certifique-se de que estejam em boas condições antes de colocá-los de volta na parede. Eis algumas dicas:

1. Não pendure nada só para preencher um espaço vazio.
2. Evite gravuras, pôsteres ou outras imagens baratas feitas em série.
3. Se você não adorar o quadro, deixe-o na Área de Descarte.
4. Tenha certeza de que todos os quadros combinam com a paleta de cores do cômodo (quente ou fria).
5. Pendure uma coisa em cada parede. A única exceção são os quadrinhos que você pendura de cada lado do sofá ou da cama, ou a série de quadros que formam um conjunto.
6. Pendure quadros grandes em espaços grandes (um em cada parede) e quadros pequenos em paredes pequenas.
7. Só pendure quadros pequenos em paredes grandes se eles fizerem parte de uma série.

Antes de decidir o que pendurar em cada parede, faça um teste encostando o quadro na parede onde pretende pendurá-lo. Depois dê alguns passos para trás e veja se o conjunto de sombras e cores combina com a parte do cômodo em que você pretende pendurar o quadro. Não pregue nenhum prego na parede antes de ter certeza do lugar onde vai pendurá-lo.

Centralize os quadros a um metro e meio do chão

A maioria das pessoas pendura os quadros a uma altura grande demais e não sabe pendurá-los em grupo, de modo que formem um conjunto harmonioso. A maneira mais adequada de pendurar qualquer coisa na parede da casa é centralizá-la a um metro e meio do chão (mais ou menos no nível dos olhos). Esse também é o critério usado nos museus e nas galerias de arte, e ele de fato funciona. Centralizando todos os quadros com base na mesma altura, você cria uma sensação de conjunto e de simetria com relação ao chão.

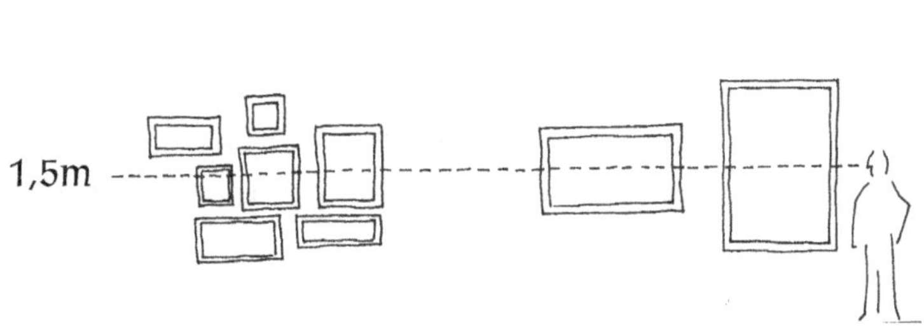

LIÇÕES BÁSICAS COM RELAÇÃO AOS QUADROS

Quando eu digo para centralizar todos os quadros a um metro e meio do chão, eu quero dizer que o *centro* de cada quadro deve ficar a essa distância do chão. Eu recomendo que você use um lápis e uma trena e siga as instruções a seguir:

1. Depois de usar a trena, faça um leve risco na parede, marcando a distância de um metro e meio do chão.
2. Meça o comprimento do quadro. Por exemplo, se ele tiver 60 cm de altura, você saberá que a moldura superior terá de ficar a 30 cm da marca na parede, ou a um metro e oitenta do chão.
3. Meça a distância entre o arame onde ficará apoiado o prego e o moldura superior do quadro. Se for de 8 cm, por exemplo, você saberá que o *gancho* terá de ficar 22 cm acima da marca na parede.
4. Faça uma marca leve onde você deverá pregar o gancho.
5. Martele o gancho na parede com cuidado.
6. Pendure o quadro.

Eu também recomendo, se possível, que você troque os pregos por ganchos próprios para pendurar quadros, pois eles se fixam melhor na parede, causam menos estragos e permanecem no lugar por mais tempo.

Capítulo 11

Oitava Semana:
A Festa de Inauguração

"Bem-vindos! Por favor, entrem!"

Nancy estava na porta, muito elegante, enquanto os amigos dela entravam no apartamento. Ela estava nervosa com a idéia de dar uma festa e tinha corrido muito para aprontar o apartamento a tempo, mas agora ele estava maravilhoso. Nancy tinha concluído, e pago, a pintura da parede que antes tinha listras verdes. Por isso resolveu servir o jantar nesse cômodo, enquanto o resto do apartamento foi deixado à luz de velas.

Todos elogiaram a nova decoração do cômodo enquanto Nancy servia o champanhe.

"Nancy, que ambiente mais agradável!"

"Por que você não nos mostrou antes?"

"Que tipo de prateleira é essa? É tão moderna!"

Nancy também havia me convidado e não cansava de me apresentar como o "terapeuta do seu apartamento". Vários amigos dela me cumprimentaram pelo trabalho.

"Ah, mas o trabalho não é meu, não!", eu logo respondia. "Eu fiquei sentado no sofá enquanto Nancy decidia tudo."

"Verdade?", eles perguntavam, surpresos.

No final da festa, Nancy me chamou num canto para me agradecer.

"Estou muito grata por você ter me convencido a dar esta festa. Você me conhece – se eu não tivesse marcado a data, nunca teria acabado esse cômodo", ela disse apontando o cômodo onde antes havia listras verde-limão.

Eu fiquei satisfeito ao ouvi-la dizer isso, porque a festa tinha sido a minha última esperança quando eu vi quanto tempo ela levava para decidir o que queria no apartamento. Na verdade, ela só tinha finalizado o projeto por causa da festa. Faltavam poucos minutos para os convidados chegarem quando ela colocou os últimos livros na prateleira e atarrachou duas lâmpadas nos abajures de leitura no quarto.

"Agora", ela disse. "Assim que este cômodo estiver concluído, eu quero que você volte para me ajudar a decorar o próximo."

"Ótimo!", eu disse dando um gole no meu champanhe. "E já vamos começar a planejar a próxima festa."

"Já vou encomendar o champanhe amanhã!", ela disse brincando, antes de se afastar para dar atenção aos outros convidados.

Oitava semana: Tratamento intensivo e solução para um ambiente

Geral

Procure uma boa receita e teste-a.

Prepare o apartamento um dia antes.

Chegue em casa cedo no dia da festa.

Ossos

Passe o aspirador em todo o apartamento e limpe todas as janelas.

Respiração

Arrume o que restar da bagunça e esvazie a Área de Descarte.

Arrume o apartamento de modo que haja um fluxo melhor no dia da festa.

Tire os sapatos quando estiver em casa.

Pense na possibilidade de comprar um aparelho de som menor e mais moderno.

Coração

Compre flores frescas.

Diminua a iluminação e acenda velas.

Escolha as músicas que tocarão durante a festa.

Sirva uma bebida gelada logo que os convidados chegarem.

Cabeça

Prepare e sirva o jantar, planeje a semana que tem pela frente e acorde cedo, para tomar um banho.

Opcional: Pense na possibilidade de se livrar da televisão.

Esta é uma semana e tanto! Você está na reta final. Além disso, para ter certeza de que o projeto será concluído e que todas as arestas serão aparadas, você dará uma festa – que é um projeto em si mesmo. Para se preparar para a festa, você fará uma retrospectiva de tudo o que aprendeu ao longo das oito semanas.

Convidar pessoas para irem à sua casa é um modo bem diferente de usar o apartamento. É mais parecido com a estréia de uma peça teatral do que com a rotina do dia-a-dia. Por isso, você precisa pensar na experiência que terão as pessoas que nunca foram à sua casa antes. O que notarão primeiro? Elas se sentirão à vontade? O que precisarão para se sentirem mais à vontade ainda? Onde se sentarão? A primeira impressão é a que fica, por isso você precisa estar pronto para preparar várias coisas antecipadamente.

Geral

Procure uma boa receita e teste-a. A primeira coisa em que você tem de pensar é nos comes e bebes que servirá na festa. Se for um jantar, a comida será o ponto central da noite e o elemento mais importante da sua festa. O jantar tem de ser delicioso, mas não precisa ser complicado. Ache uma receita de que você goste e que não seja muito trabalhosa. Teste-a esta semana numa das noites em que jantar em casa.

Por mais simples que seja o jantar, ele precisa ter pelo menos quatro pratos: os petiscos, a salada, o prato principal e a sobremesa.

Petiscos

Os petiscos podem ser comprados prontos. Queijo e bolacha água e sal são o básico (escolha um queijo mais duro e outro mais macio, ou um de sabor mais suave e outro de gosto mais acentuado). Patês, azeitonas e salmão defumado despertam o apetite e vão bem tanto com vinho quanto com cerveja.

Salada

O segredo de uma boa salada é usar ingredientes de qualidade e um molho caprichado. Mais uma vez, opte pelo mais simples. Você não vai querer ficar na cozinha um tempão preparando a salada, longe dos convidados.

Molho de salada com mostarda

2 colheres (chá) de vinagre de cereja
1/4 de colher (chá) de sal
Pimenta-do-reino fresca
1 colher de mostarda
1 dente de alho pequeno descascado e picado
1/4 de xícara de azeite de oliva extravirgem

Junte o vinagre, o sal, a pimenta, a mostarda e o alho numa tigela e mexa até que se misturem. Aos poucos acrescente o fio de azeite, mexendo continuamente até emulsificar.

Prato principal

Essa é a parte mais trabalhosa e dispendiosa do jantar. Escolha um prato que não precise de muita preparação imediatamente antes de servir. A opção mais simples é a massa.

Sobremesa

A sobremesa deve ser a mais prática e gostosa possível. A musse de chocolate pode ser preparada com vários dias de antecedência e guardada no freezer, e o sorvete ou *sorbet* sempre é uma solução simples.

Musse de chocolate com menta

1 xícara de chocolate amargo em pedaços
2/3 de xícara de açúcar mascavo
1/3 de xícara de licor de menta
1/4 de xícara de água
1 colher (sopa) de gelatina em pó sem sabor
4 ovos
1 lata de creme de leite sem soro

Misture a água e o licor numa panela. Polvilhe a gelatina, junte metade do açúcar e leve ao fogo, mexendo até que se dissolvam. Junte o chocolate e mexa até que derreta. Tire do fogo. Separe as claras das gemas. Acrescente uma gema de cada vez no creme de chocolate, mexendo bem. Deixe esfriar. Bata as claras em neve. Aos poucos junte o açúcar restante, batendo até atingir o ponto de suspiro. Acrescente à musse, misturando delicadamente. Bata vigorosamente o creme de leite até engrossar. Acrescente-o ao chocolate, despeje na fôrma e deixe na geladeira de um dia para o outro.

Bebidas

As bebidas são uma parte importante de qualquer festa. Nos jantares, eu costumo servir um espumante como *prosecco* logo no início da noite e um bom vinho durante a refeição. Bebidas fortes interferem no paladar dos convidados, não deixando que eles apreciem inteiramente a refeição servida.

Nos coquetéis, eu costumo servir algo mais forte, além do vinho e do *prosecco*. É muito mais agradável e condizente com o seu novo papel de anfitrião servir coquetéis que você tenha preparado pessoalmente, em vez de servir simplesmente cerveja ou vinho. As margaritas são coquetéis extremamente festivos e combinam muito bem com uma festa de inauguração, além de agradar a ambos os sexos.

Margaritas para alegrar homens e mulheres

sal
1 dose de tequila (40 ml)
cubos de gelo
1 fatia de limão
3 colheres (chá) de suco de limão
2 colheres (chá) de licor Cointreau

Esfregue a fatia de limão na borda de uma taça, coloque sal espalhado em um prato e encoste a borda da taça no prato para fazer a crosta de sal na taça. Coloque em uma coqueteleira o suco de limão, licor, tequila e cubos de gelo. Agite bem e despeje na taça eliminando as pedras de gelo. Sirva.

Prepare o apartamento um dia antes. Assim como fez nas oito semanas que se passaram, prepare tudo antecipadamente, para que possa usufruir melhor a semana e esperar com expectativa o final de semana. Se tiver de comprar qualquer coisa, faça isso um dia antes. Deixe o seu apartamento pronto um dia antes da festa, como se você fosse receber os convidados nessa mesma noite.

Chegue em casa cedo no dia da festa. Como acontece em todos os projetos de melhoria da casa, sempre sobra alguma coisa para você fazer na última hora, por isso chegue em casa mais cedo para tomar as últimas providências antes da festa. Quando estiver indo para casa, você pode passar para pegar os itens de última hora, assim como gelo e outros ingredientes da festa.

Ossos

Passe o aspirador em todo o apartamento e limpe todas as janelas. Quando estiver revisando os ossos do seu apartamento esta semana, aproveite para observar todas as mudanças que fez. Você provavelmente limpou todos os cômodos, eliminando o pó e a sujeira num nível que o seu apartamento nunca viu desde que você se mudou para lá. Todas as superfícies estão limpas, todos os consertos foram executados e tudo está funcionando perfeitamente. Tudo está pronto para ser usado quando os convidados chegarem. A sua casa está trabalhando por você.

Como ela parece? A atmosfera da casa parece mais vibrante? As estantes, a escrivaninha e as cadeiras parecem diferentes?

Foi difícil limpar tudo? Valeu a pena? Você pretende manter tudo limpo assim, depois de concluídas as oito semanas? A limpeza é uma tarefa simples, mas pode ficar mais difícil quando é negligenciada. É muito mais fácil manter o apartamento limpo quando você não deixa a sujeira se acumular de uma semana para outra.

Você se sente mais cheio de energia esta semana? Não fique surpreso. Embora dê trabalho manter um apartamento sempre limpo, esse ar de limpeza faz com que você tenha muito mais energia.

Como última faxina da semana, passe o aspirador de pó no apartamento todo e limpe as janelas por dentro e por fora. Se você mora num prédio muito alto e tem dificuldade para limpar as janelas por fora, contrate uma empresa de limpeza ou uma faxineira para que o serviço seja feito esta semana. Você não vai gastar muito e a diferença será significativa.

Respiração

Arrume o que restar da bagunça e esvazie a Área de Descarte. Durante esse período, eu espero que você tenha começado a examinar as suas coisas com mais atenção. Espero que tenha notado uma diferença entre o apego que sentia no início do Tratamento com relação aos seus pertences e o maior desprendimento que sente agora. Essa experiência geralmente é libertadora.

Esta é a sua última chance de pôr ou tirar alguma coisa da Área de Descarte. Um dia antes da festa, tire tudo da Área de Descarte e dê um destino aos objetos que não quer mais na sua casa. Você agora pode usar de outra maneira o espaço destinado à Área de Descarte e reintegrá-lo ao restante da casa.

Arrume o apartamento de modo que haja um fluxo melhor no dia da festa. Se o fluxo do seu apartamento já é bom, você precisará fazer muito pouco nesse sentido. Olhe em volta para ver onde as pessoas deixarão os seus pertences quando chegarem, onde elas se sentarão e onde as bebidas e o jantar serão servidos. Depois imagine a movimentação que haverá no apartamento durante a festa e examine se as pessoas terão espaço para circular livremente. Se teve o cuidado de tirar o peso extra dos cômodos, de deixar tudo centralizado e de afastar um pouco todos os móveis para que o ambiente possa respirar, você já terá feito o necessário. Para testar o cômodo, ande rápido por ele, em torno dele e para dentro e fora dele, sentando-se depois em todos os assentos. Se conseguir fazer tudo isso sem dificuldade, é porque há espaço suficiente para que as pessoas circulem durante a festa.

As festas precisam de movimento assim como as pessoas, por isso, se está planejando oferecer um jantar, reserve pelo menos dois ambientes para os convidados. Quando eles chegarem, devem encontrar os petiscos na sala de estar. Assim que o jantar estiver pronto, você deve conduzi-los para a sala de jantar.

Os convidados adoram conhecer a casa e, como essa é uma festa de inauguração, não há dúvida de que você deve levá-los para ver todos os ambientes. Certifique-se de deixar todos os cômodos arrumados e bem iluminados. Se deixar que eles usem o seu quarto para deixar a bolsa e o casaco, você dará a eles uma boa oportunidade para apreciar todas as mudanças que fez nesse cômodo.

Tire os sapatos quando estiver em casa. Esta semana, procure tirar os sapatos sempre que entrar em casa e deixá-los junto à porta da frente. O hábito de tirar os sapatos quando chega em casa é muito saudável. Esse gesto marca a separação entre o mundo lá fora e o interior da sua casa, além de proteger o assoalho e manter a casa mais limpa. Se você se sentir à vontade para pedir que os hóspedes tirem os sapatos, faça isso sem constrangimento. Embora possa ser um pouco inconveniente a princípio, tornará o ambiente mais relaxante e os seus convidados conhecerão uma nova forma de respeito pela sua casa.

Pense na possibilidade de comprar um aparelho de som menor e mais moderno. A música é uma parte importante da festa. Alguns dias antes, certifique-se de que o seu aparelho de som esteja funcionando bem. Se ele for antigo e precisar ser substituído, faça isso esta semana. Se resolver trocá-lo, opte por um aparelho menor, com alto-falantes pequenos.

Eu recomendo aparelhos de som pequenos com alto-falantes em forma de cubo para todos os espaços, inclusive apartamentos. O som desses aparelhos é tão bom que não há motivo nenhum para desperdiçar espaço com aparelhos maiores. Embora o *receiver* seja um dos componentes que ainda precise ter um tamanho maior, todo o resto pode ter um tamanho menor, sem que você perca qualidade por causa disso.

Esta também é uma boa hora para pensar na possibilidade de adaptar o seu computador para tocar CDs e de organizar as suas músicas com um programa do tipo *iTunes*. Releia a seção sobre o assunto no capítulo referente à quinta semana para colocar essa idéia em prática. Uma das vantagens desse tipo de programa é a possibilidade de organizar antecipadamente uma boa lista de músicas no seu computador.

Coração

Como uma festa é um evento extremamente social, você perceberá que as mudanças que fez no coração da casa serão as que os convidados notarão primeiro e sobre as quais farão mais comentários. Tire vantagem disso. Tendo em mente tudo o que aprendeu sobre como equilibrar as cores e a iluminação, arrume o seu apartamento de modo que ele fique colorido, confortável e acolhedor.

Compre flores frescas. Toda a experiência que adquiriu com flores deve ser colocada em prática esta semana, quando você escolher flores para todos os cômodos da casa. Compre buquês de flores variadas e espalhe-os pela casa. Não se esqueça do banheiro.

Diminua a iluminação e acenda velas. Diminua a iluminação logo que anoitecer e acenda todas as velas. Embora você possa voltar a acender as luzes quando os convidados chegarem, você pode diminuir a iluminação à medida que a noite chegar. O momento em que anunciar o jantar é uma boa oportunidade para percorrer a casa e ir apagando as luzes ou diminuindo a sua intensidade. Não deixe nenhuma luz forte nos outros cômodos. Na cozinha, desligue a maioria das lâmpadas para sinalizar que é hora de comer.

A luz bruxuleante das velas é ideal para festas, por isso acenda várias pelo apartamento todo. As velas-lamparinas, que ficam boiando na água, são as mais seguras e que duram mais. Coloque-as perto das janelas, onde elas refletirão o vidro, e também nos banheiros, onde surpreenderão os convidados. Para mais idéias, veja a seção sobre iluminação de festas no Apêndice.

Escolha as músicas que tocarão durante a festa. As músicas que tocam durante a festa exercem uma grande influência sobre o clima emocional que prevalecerá no ambiente, por isso escolha-as cuidadosamente. O movimento e a mudança do ritmo ao longo da noite contribuirão para um bom fluxo musical. Comece com músicas rápidas, depois coloque outras mais lentas e finalize com algumas que não sejam nem tão rápidas nem tão lentas.

A primeira etapa deve ser de músicas leves e cheias de ritmo, pois a intenção é fazer com que os convidados esqueçam o mundo lá fora. Músicas latinas, *big bands* e músicas pop são perfeitas. A segunda etapa é o jantar, por isso você deve baixar o volume para facilitar a conversa. As peças instrumentais, os cantores de jazz e os cantores clássicos mais antigos vão muito bem nesse momento. A etapa final requer que se eleve o nível de energia, para que as pessoas se preparem para dançar, voltar à sala de estar ou começar a ir embora. Esse é o momento das músicas dançantes mais *sexies* (para ter sugestões, veja os 30 Melhores CDs para Tocar em Jantares, que eu incluí no Apêndice).

Não deixe para decidir as músicas da festa depois que os convidados começarem a chegar, nem peça que eles decidam isso por você. Prepare-se antecipadamente, separando dois CDs para cada etapa mencionada.

Sirva uma bebida gelada logo que os convidados chegarem. Quando finalmente chegar a hora da festa, a sua primeira tarefa é recepcionar os convidados e servir-lhes uma bebida. Saber exatamente o que mais agrada aos seus convidados é uma arte, e a primeira coisa de que eles precisam é ter algo para fazer, porque isso os deixará mais à vontade. Portanto, sirva imediatamente uma bebida gelada, e não se esqueça de erguer um brinde à sua casa!

Cabeça

Prepare e sirva o jantar, planeje a semana que tem pela frente e acorde cedo, para tomar um banho. Ao chegar ao nível da cabeça, eu espero que você já esteja vendo o seu lar sob uma nova luz: como se ele fosse a sua "plataforma de lançamento" para o mundo lá fora. Você já começou a usá-lo de maneira mais plena, e eu espero que tenha descoberto que ele pode ser um refúgio calmo e confortável quando passa a ser uma parte estável da sua vida.

Todas as atividades desta semana relativas à cabeça já foram realizadas ao longo das últimas duas semanas. Ao entrar na última semana do tratamento, reflita sobre como elas ajudarão você e quantas delas você pretende continuar realizando nas semanas seguintes. Qual delas foi novidade para você? Quais contribuíram para aumentar o seu nível de energia? Quais delas você teve mais dificuldade para realizar? As atividades dessa categoria são diferentes de todas as outras porque se referem a responsabilidades que não estão relacionadas diretamente com o seu apartamento. Elas só podem ser realizadas porque você fez tudo o que era necessário nos níveis inferiores, e vão ajudar você a viver muito melhor a sua rotina diária.

Opcional: Pense na possibilidade de se livrar da televisão. Se você conseguiu chegar nesta semana final, gostou de todos os desafios que ela lhe ofereceu e gostaria de vencer mais alguns, pense na possibilidade de eliminar a televisão da sua casa. Embora esse possa parecer um gesto muito radical, logo você se adaptará a essa "perda" e passará a apreciar os momentos de calma e sossego que terá em sua casa.

A televisão é um aparelho extremamente estimulante, pois introduz na sua casa muito mais informação do que você pode assimilar. Isso produz uma letargia que as pessoas costumam confundir com relaxamento. Na maioria dos casos, a televisão não promove o relaxamento; tudo o que ela faz é suprimir os acontecimentos do dia e o que quer que tenha causado a sua ansiedade. O seu aspecto mais prejudicial é a total absorção que ela cria, além de roubar de você o tempo que você dispensaria às outras pessoas e a vida ativa e saudável do seu apartamento. Sempre que a televisão está ligada, o resto do apartamento fica entregue às moscas. Se eliminar a televisão, você estará dando um grande passo para equilibrar e revitalizar a sua casa e ganhando muito mais tempo para se dedicar a outras atividades domésticas ou a um sono mais reparador.

Parabéns!

Parabéns por ter chegado no final do Tratamento de Oito Semanas! Eu tenho certeza de que ele foi muito útil e esclarecedor, e ajudou a recuperar a saúde do seu apartamento, além de lhe devolver a sensação de "lar". Lembre-se de que tudo o que você aprendeu agora faz parte da sua experiência e pode ser usado sempre que quiser. A mudança que você fez na sua casa pode ser compartilhada com amigos ou reproduzida numa casa de veraneio ou quarto de hotel. A arte de criar um espaço aconchegante e acolhedor pode ser usada onde quer que você esteja.

Como o Tratamento de Oito Semanas deve ser seguido de maneira mais espaçada ao longo de todo o ano, acrescentamos um guia nas páginas a seguir para que você possa consultar nas próximas semanas. Use-o como inspiração e adapte-o às suas próprias necessidades. Como a rotina diária varia de pessoa para pessoa, o mesmo pode acontecer com os seus hábitos e atividades. Acima de tudo, lembre-se de que a sua casa precisa apenas ser usada regularmente. Movimento é saúde. A cada dia, a cada semana e a cada mês, novas energias deverão entrar na sua casa, enquanto as antigas deverão sair. Dessa maneira, ela continuará bonita, saudável e organizada, ano após ano.

Capítulo 12

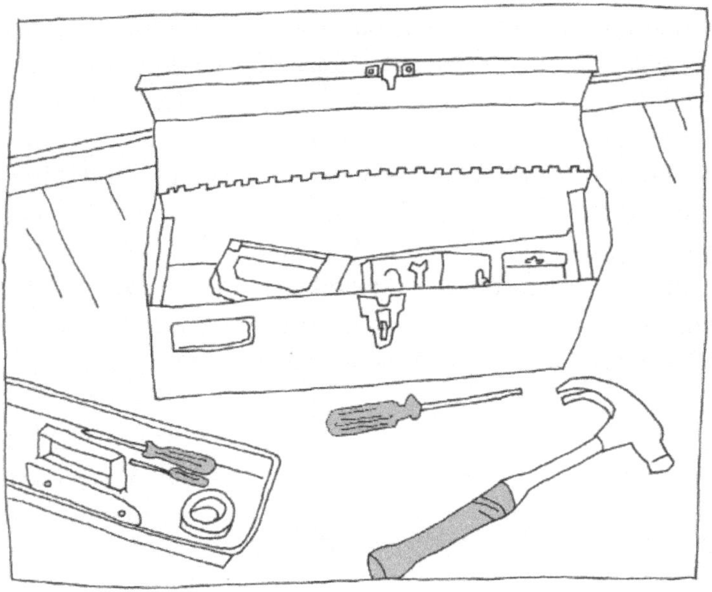

Nona Semana em Diante: Tarefas Contínuas e Manutenção

Seis meses depois de terminarmos de redecorar três cômodos do apartamento de Nancy, ela me escreveu um e-mail inesperado.

Eu queria que você soubesse que o meu irmão e a mulher vieram me visitar no final de semana passada e adoraram o novo quarto de hóspedes.

Eles se sentiram tão confortáveis que passaram mais tempo dentro do apartamento do que costumavam passar normalmente. As mudanças fizeram tanta diferença que eu simplesmente precisei levá-las adiante.

Decidi mudar a cúpula dos abajures da biblioteca, trocando-as por outras vermelhas, que combinam com o tapete. Também comprei alguns vasos de plantas, que ainda estão vivas! Eu as rego todo domingo e faço faxina uma vez por mês. Desse modo tem sido muito mais fácil manter o apartamento em ordem. Agradeço a você.

Manter o apartamento saudável e funcional é essencialmente uma prática diária, assim como ir à academia e tocar um instrumento musical. Avançando um pouco por dia, acabamos percorrendo um longo caminho. Esse trabalho contínuo não favorece apenas a sua casa, mas também aumenta a sua capacidade de mantê-la em boas condições. Tendo isso em mente, eu recomendo que você faça exercícios contínuos em prol do seu apartamento, que seguem os ciclos sazonais e outros ritmos típicos do ambiente doméstico.

A lista a seguir deve ser usada como referência. Ela contém recomendações sobre como fazer o seu próprio programa de manutenção. Sinta-se à vontade para adaptá-la à sua própria rotina.

Cronograma geral de manutenção da casa

Diariamente

1. Fazer a cama.
2. Lavar a louça.
3. Recolher a roupa suja.
4. Ver a correspondência.
5. Averiguar os recados da secretária eletrônica.
6. Limpar todas as superfícies da cozinha.
7. Pôr o lixo para fora.

Semanalmente

1. Limpar todas as superfícies (arrumar a bagunça).
2. Lavar a roupa suja e pendurá-la no varal (ou pôr na máquina de secar).
3. Pôr para fora o lixo reciclável.
4. Trocar a roupa de cama.
5. Regar as plantas.
6. Limpar o banheiro e a cozinha.
7. Passar o aspirador de pó rapidamente na casa toda (especialmente se você tem animais de estimação).

Mensalmente

1. Passar o aspirador de pó ou varrer e passar um pano úmido em todos os cômodos.
2. Virar os colchões.
3. Limpar a geladeira.

A cada três meses

1. Lavar as janelas.
2. Tirar da geladeira as sobras de comida e os alimentos com data de validade vencida e pôr em ordem o hall de entrada, o quadro de avisos, etc.

A cada seis meses

1. Fazer uma grande faxina da primavera.
2. Fazer uma grande faxina do outono.

(Faça um Tratamento Intensivo no nível dos ossos e da respiração: limpe e organize o apartamento todo; guarde as roupas da estação passada; arrume as gavetas, armários e gabinetes que ficam debaixo da pia; desfaça-se das roupas, dos CDs, dos livros e dos móveis que não quer mais.)

Anualmente

Faça uma grande melhoria em um cômodo (pintura, móveis novos, redecoração).

A cada cinco anos

Pinte os cômodos principais.

A cada dez anos

Faça uma grande melhoria na casa (isto é, reforme a cozinha ou o banheiro, troque os móveis, conserte as paredes ou o piso).

Apêndice

35 sugestões para deixar a sua casa mais saudável

Quando acordar pela manhã, faça a sua cama.

Abaixe a tampa do vaso sanitário depois que usar o banheiro.

Depois do banho, sempre deixe as cortinas do boxe fechadas, para que sequem e não mofem.

Use a cozinha de manhã, nem que seja apenas para tomar um suco de laranja.

Tire o lixo reciclável todos os dias, quando sair de casa pela manhã.

Sempre que pagar o aluguel, acrescente uma nota de agradecimento ao seu senhorio.

Assine o seu jornal predileto em vez de comprá-lo na banca. É mais barato e eficiente.
Crie o hábito de dizer bom-dia aos vizinhos pela manhã.
Recolha o lixo que encontrar no chão em frente ao seu prédio, mesmo que não tenha sido jogado por você.
Antes de sair do trabalho, reserve cinco minutos para organizar a sua escrivaninha.
Às sextas-feiras, reserve quinze minutos para arrumar a escrivaninha, jogar fora todos os lembretes, cartões ou papéis velhos.
Compre flores para a sua casa pelo menos uma vez por semana, no trajeto do trabalho para casa.
Tire os sapatos quando entrar em casa. Reserve um par para quando estiver dentro de casa.
Pendure o casaco e examine a correspondência assim que chegar em casa.
Mantenha todos os casacos, bolsas e sapatos em ordem.
Aproveite para ir à farmácia, à lavanderia ou ao supermercado quando estiver voltando para casa.
Ouça as mensagens da secretária eletrônica assim que chegar em casa e logo em seguida apague-as.
Retorne todas as ligações antes do jantar.
Use um telefone sem fio para fazer ligações enquanto cozinha ou põe a casa em ordem.
Não deixe a geladeira cheia de sobras velhas.
Use uma louça bonita e guardanapos ao fazer as refeições.
Acenda uma vela durante o jantar, mesmo quando estiver sozinho.
Beba água.
Depois de terminadas as refeições, tire a mesa e aproveite essa oportunidade para limpar o balcão ou a

mesa. Se alguma dessas peças precisar de lustra-móveis, passe-o agora.

Lave toda a louça antes de ir para a cama.

Passe fio dental toda noite.

Não faça telefonemas depois das nove da noite.

Coloque toda a roupa suja no cesto ou na lavanderia antes de ir se deitar.

Tome um banho antes de ir para a cama, caso tenha dificuldade para dormir.

Durma pelo menos sete horas e meia por noite.

Compre roupas de cama de qualidade. Invista numa cama confortável.

Vá para a cama cedo e leia durante trinta minutos.

Deixe apenas um livro por vez sobre a mesinha de cabeceira. Termine um livro antes de começar outro.

Dê quatro festas por ano.

Ótimas Idéias para Iluminação de Festas

As mais versáteis

Acenda muitas velas-lamparinas brancas no peitoril das janelas, sobre as mesas e nos corredores.

Acenda velas de vários tamanhos em grupo no meio da mesa de jantar ou da mesinha de centro (evite velas coloridas ou aromatizadas).

Iluminação marcante

Prenda luzinhas de Natal no teto e deixe as extremidades pendentes.

Instale no piso lâmpadas halógenas ao longo da parede ou nos cantos.

Acenda a lareira!

Instale *dimmers* nos abajures de mesa ou com pé e deixe as lâmpadas no nível mínimo.

Truques para festas e para puro divertimento

Velas de tangerina: descasque a metade superior de uma tangerina e retire os gomos delicadamente. Encha com azeite a metade da casca que tenha o nó central, deixe-a encharcar durante três minutos e acenda o "pavio". Faça um buraco na outra metade da casca e coloque sobre a metade cheia de azeite.

Os 30 melhores CDs para Tocar em Jantares

Antes do jantar: para esquecer o mundo lá fora...

Chris Joss: *You've Been Spiked*
Norah Jones: *Feels Like Home*
Pérez Prado: *Havana 3 a.m.*
Maxwell: *Maxwell's Urban Hang Suite*
Esquivel: *Latin-esque* ou *Cabaret Mañana*
Herb Alpert and the Tijuana Brass: *Definitive Hits*
Louis Jordan: *Anthology*
Dean Martin: *Greatest Hits*
Everything but the Girl: *Walking Wounded*
Steve Miller Band: *The Joker*

Durante o jantar: para despertar o apetite...

Chris Connor: *Chris Connor Sings George Gershwin*
Miles Davis: *Kinda Blue*
Dave Brubeck: *Take Five*
Bebel Gilberto: *Tanto Tempo*
John Coltrane: *Ballads*
Sufjan Stevens: *Seven Swans*

Chet Baker: *Chet Baker Sings*
Spain: *The Blue Moods of Spain*
Keith Jarrett: *The Melody at Night, with You*

Depois: para mexer os quadris...
Groove Armada: *The Best of Groove Armada*
Maceo Parker: *Life on Planet Groove*
Prince: *The Hits/The B-Sides*
Beck: *Midnite Vultures*
Snoop Doggy Dogg: *Doggystyle*
The Flaming Lips: *Yoshimi Battles the Pink Robots*
Us3: *Hand on the Torch*
The Shins: *Oh, Inverted World*
Zero 7: *Simple Things*
George Michael: *Ladies & Gentlemen: The Best of George Michael*

Para mandá-los para a cama...
Sade: *Lovers Rock*

Lista de Consertos

Cômodo	Conserto	Solução	Conclusão

Lista de Compras

Projeto:
Orçamento:
Tema:
Estilo:

Cômodo/item	nº	Descrição	Preço estimado

Subtotal
Entrega
Imprevistos @ 5%

Soma total

Lista de Mudanças

Cômodo	Idéia	Conclusão

Área de Descarte

Alimente-me!

Bibliografia

Covey, Stephen R. *The Seven Habits of Highly Effective People.* Nova York: Free Press, 1989.

Kingston, Karen. *Creating Sacred Space with Feng Shui,* Nova York: Broadway Books, 1997. [*Criando Espaço Sagrado com o Feng Shui*, Editora Pensamento, SP, 2001.]

Schwenk, Theodor. *Sensitive Chaos: The Creation of Flowing Forms in Water and Air.* Londres: Rudolf Steiner Press, 1990.

Weil, Dr. Andrew. *Eight Weeks to Optimum Health.* Nova York: Fawcett Columbine, 1997.